Billar 3 Bandas: Mesa pequeña con círculos

Desde torneos profesionales de campeonato

Ponte a prueba contra jugadores profesionales

Allan P. Sand
PBIA Instructor Certificado de Billar

ISBN 978-1-62505-346-6
PRINT 7x10

ISBN 978-1-62505-510-1
PRINT 8.5x11

First edition

Published by Billiard Gods Productions.

Santa Clara, CA 95051

U.S.A.

For the latest information about books and videos, go to: http://www.billiardgods.com

Acknowledgements

Wei Chao created the software that was used to create these graphics.

Tabla de contenido

Other books by the author …

3 Cushion Billiards Championship Shots (a series)

Carom Billiards: Some Riddles & Puzzles

Carom Billiards: MORE Riddles & Puzzles

Why Pool Hustlers Win

Table Map Library

Safety Toolbox

Cue Ball Control Cheat Sheets

Advanced Cue Ball Control Self-Testing Program

Drills & Exercises for Pool & Pocket Billiards

The Art of War versus The Art of Pool

The Psychology of Losing – Tricks, Traps & Sharks

The Art of Team Coaching

The Art of Personal Competition

The Art of Politics & Campaigning

The Art of Marketing & Promotion

Kitchen God's Guide for Single Guys

Introducción

Este es uno de una serie de libros de Carom Billiards que muestran cómo los jugadores profesionales toman decisiones, según el diseño de la mesa. Todos estos diseños son de competiciones internacionales.

Estos diseños te colocan dentro de la cabeza del jugador, comenzando con las posiciones de las bolas (que se muestran en la primera tabla). El segundo diseño de la mesa muestra lo que el jugador decidió hacer.

Acerca de los diseños de tablas

Estas son las tres bolas sobre la mesa:

(A) (CB) (tu bola de billar)

(•) (OB) (bola de billar oponente)

● (OB) (bola de billar roja)

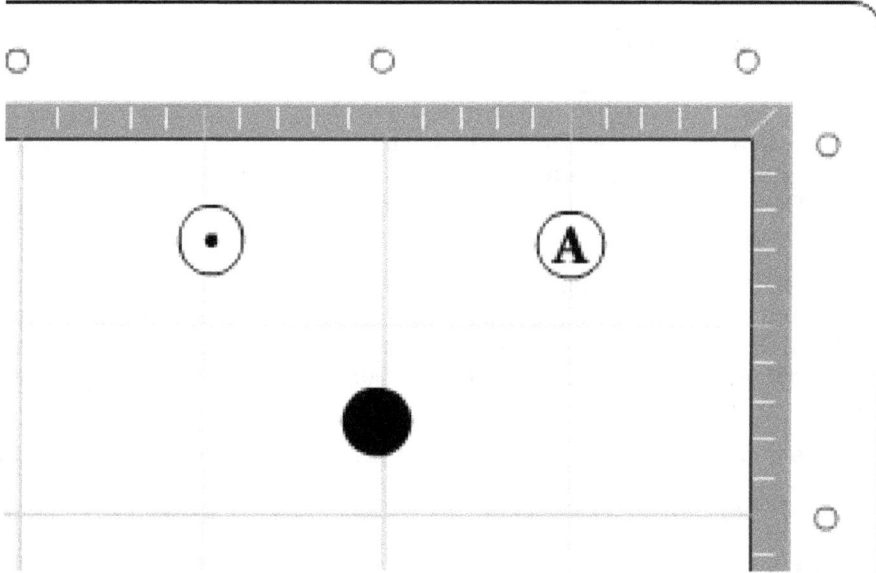

Cada configuración tiene dos diseños de tabla. La primera tabla es la posición de las bolas. La segunda tabla es cómo se mueven las bolas sobre la mesa.

Instrucciones de configuración de la mesa

Use anillos de papel para marcar las posiciones de las bolas (compre en cualquier tienda de suministros de oficina).

Coloque una moneda en cada bando de la mesa que tocará (CB).

Compare su ruta (CB) con la configuración de la segunda tabla. Para aprender, es posible que necesite varios intentos. Después de cada falla, realice el ajuste y vuelva a intentarlo hasta que tenga éxito.

Propósito de los diseños

Estos diseños se proporcionan para dos propósitos.

- Su análisis: en casa, puede considerar cómo jugar la configuración en la primera tabla. Compara tus ideas con el patrón real en la segunda tabla. Piense en su solución y considere las opciones. Desde la segunda tabla, también puedes analizar cómo seguir el patrón. Mentalmente juega el tiro y decide cómo puedes tener éxito.

- Practique la configuración de la mesa: coloque las bolas en posición, de acuerdo con la primera configuración de la mesa. Intenta disparar de la misma manera que el segundo patrón de mesa. Es posible que necesites muchos intentos antes de encontrar la forma correcta de jugar. Así es como puedes aprender y jugar estas tomas durante competiciones y torneos.

La combinación de análisis mental y práctica práctica te hará un jugador más inteligente.

A: 1/4 mesa

El (CB) se mueve dentro de un cuarto del área de la tabla. El (CB) sale del primer (OB) y entra en el bando largo, el bando corto y el bando largo opuesto. Luego, el (CB) contacta con el otro (OB).

Ⓐ (CB) (su bola de billar) - ⊙ (OB) (bola de billar oponente) - ⬤ (OB) (bola de billar roja)

A: Grupo 1

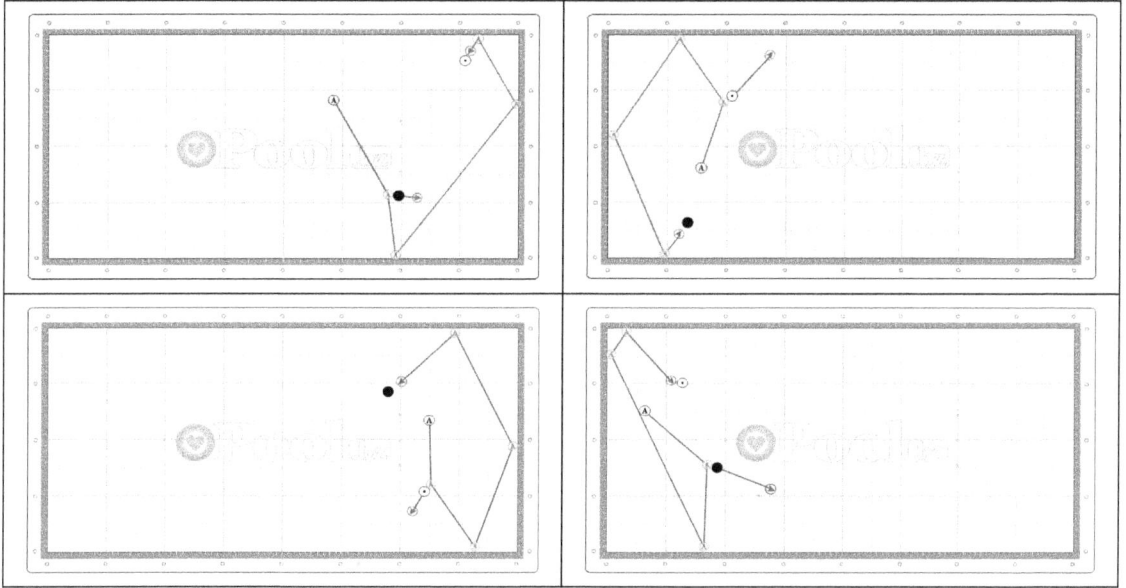

Análisis:

A:1a. _____

A:1b. _____

A:1c. _____

A:1d. _____

A:1a – Preparar

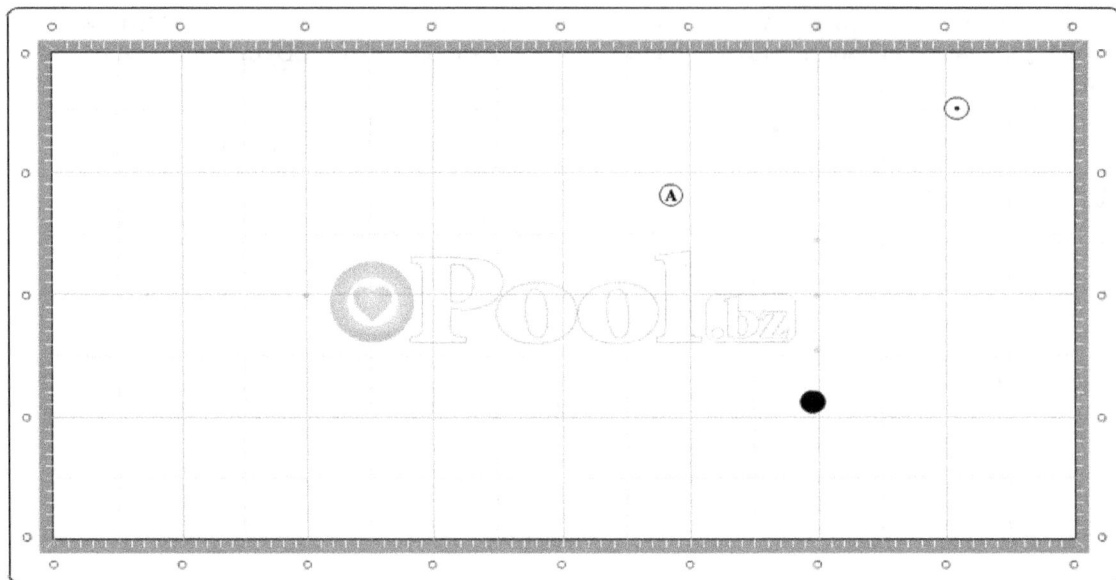

Notas e ideas:

Patrón de disparo

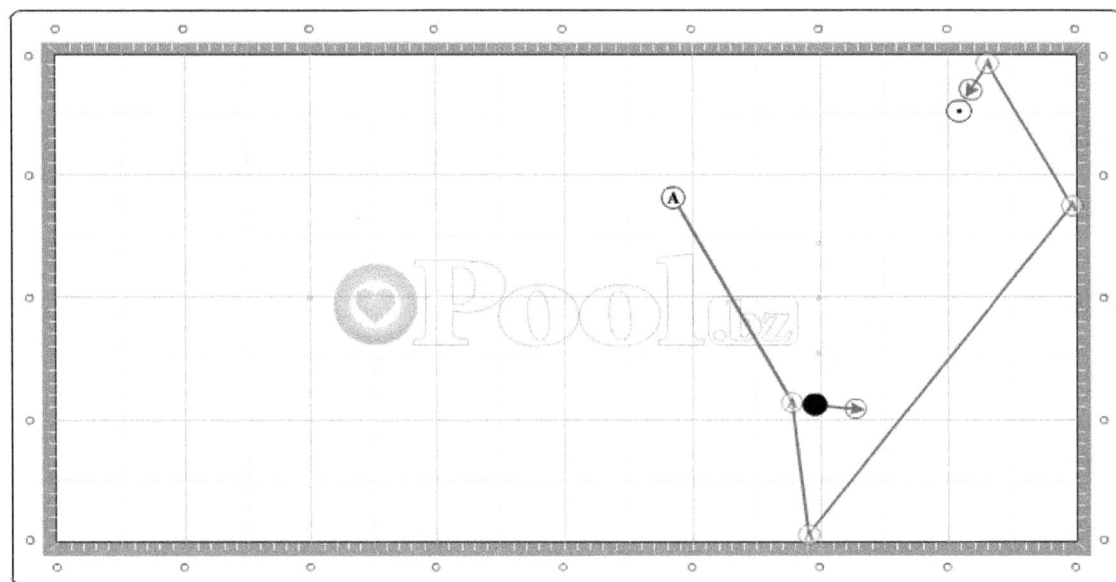

A:1b – Preparar

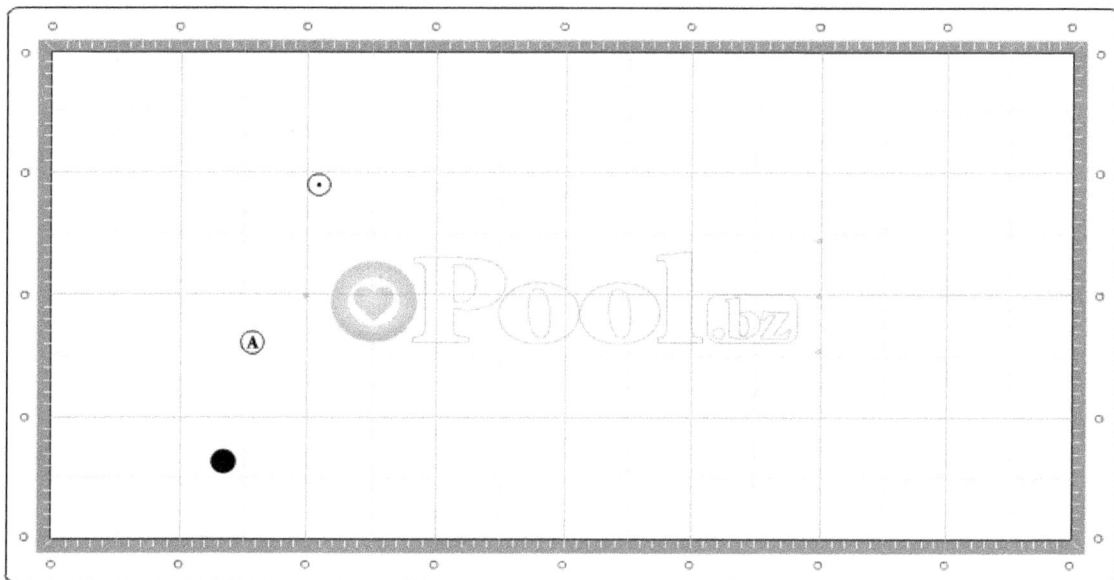

Notas e ideas:

Patrón de disparo

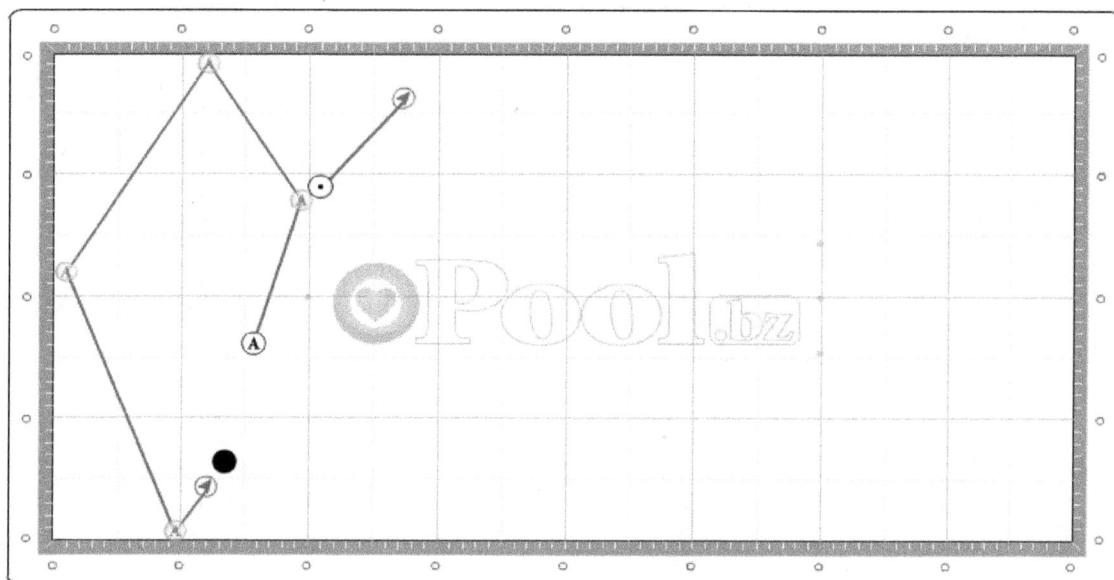

C:1c – Preparar

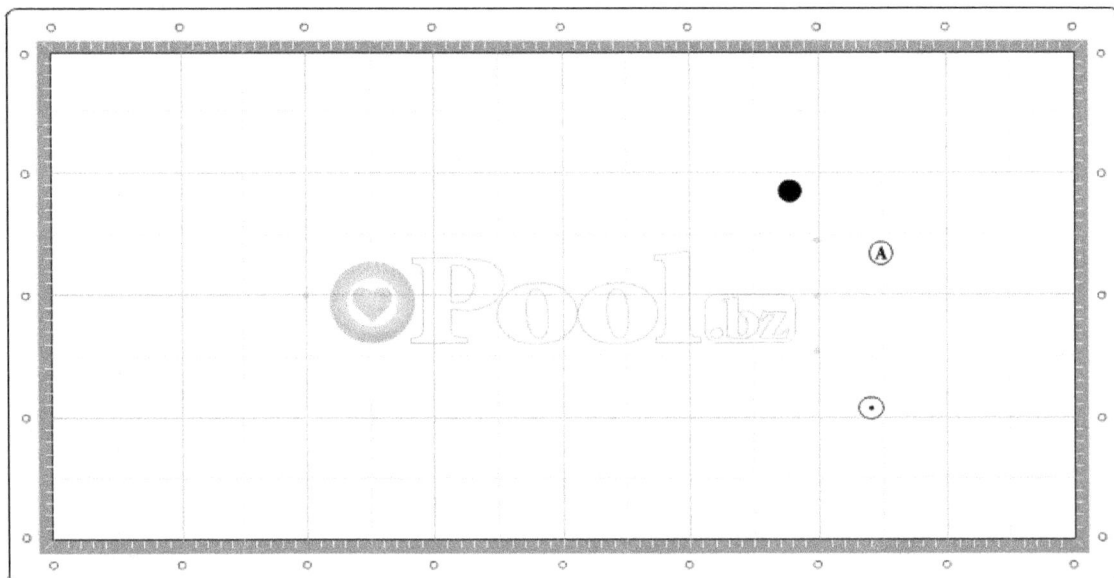

Notas e ideas:

Patrón de disparo

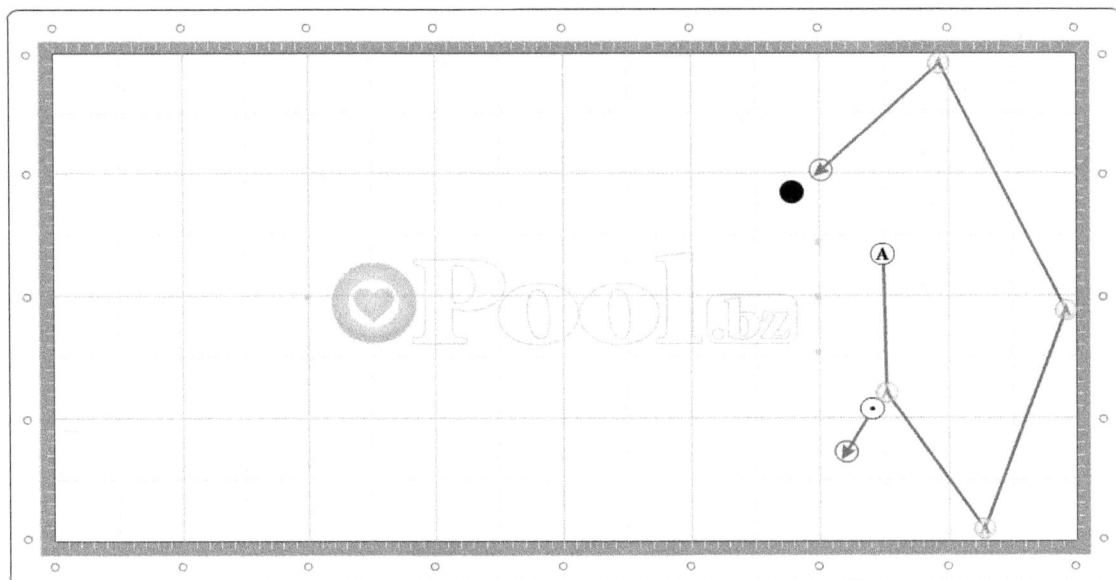

A:1d – Preparar

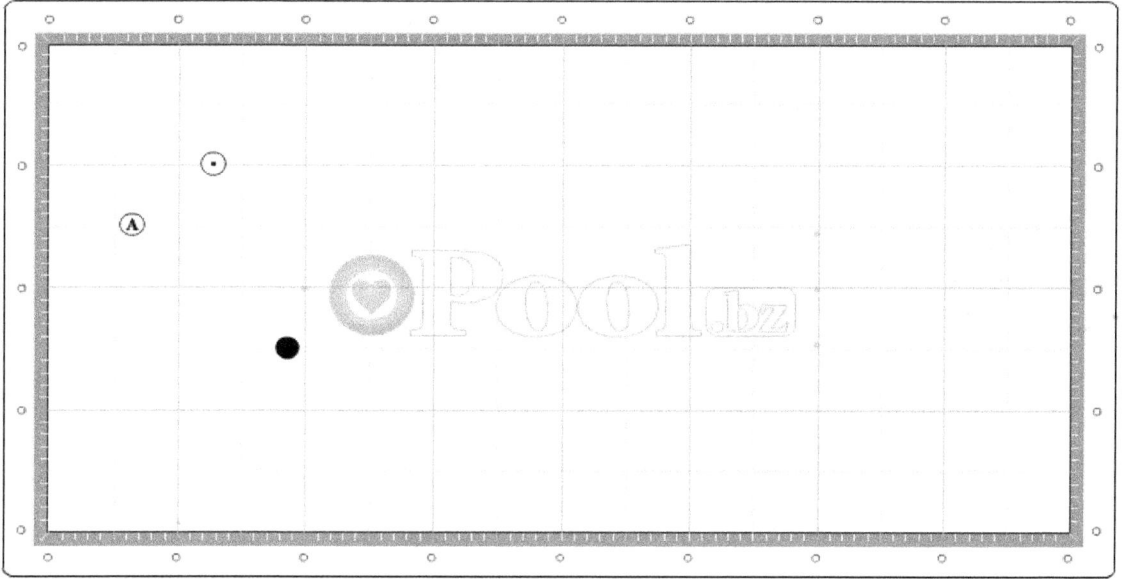

Notas e ideas:

Patrón de disparo

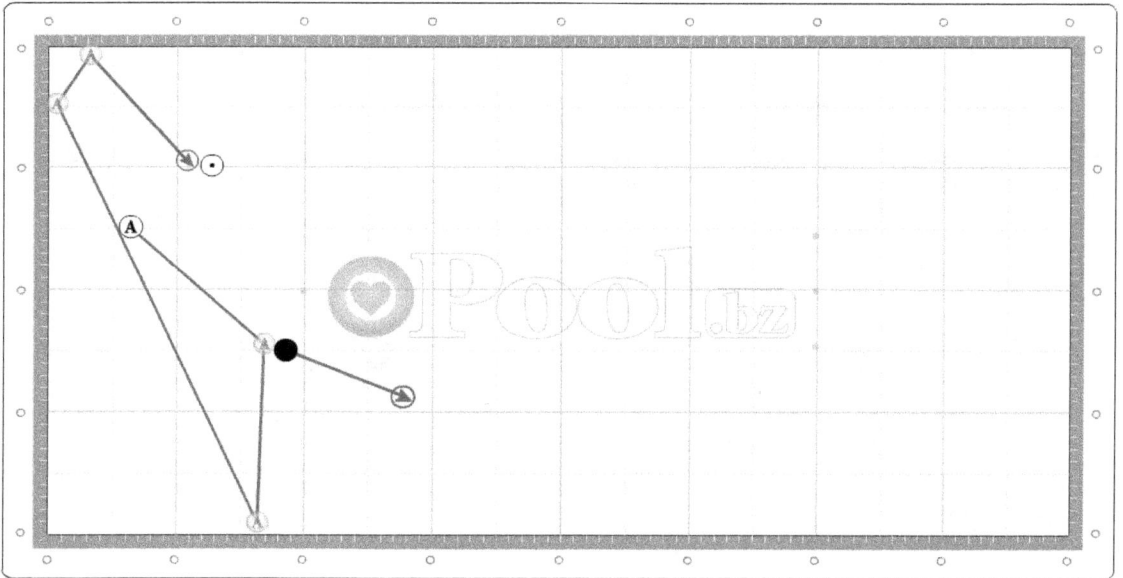

A: Grupo 2

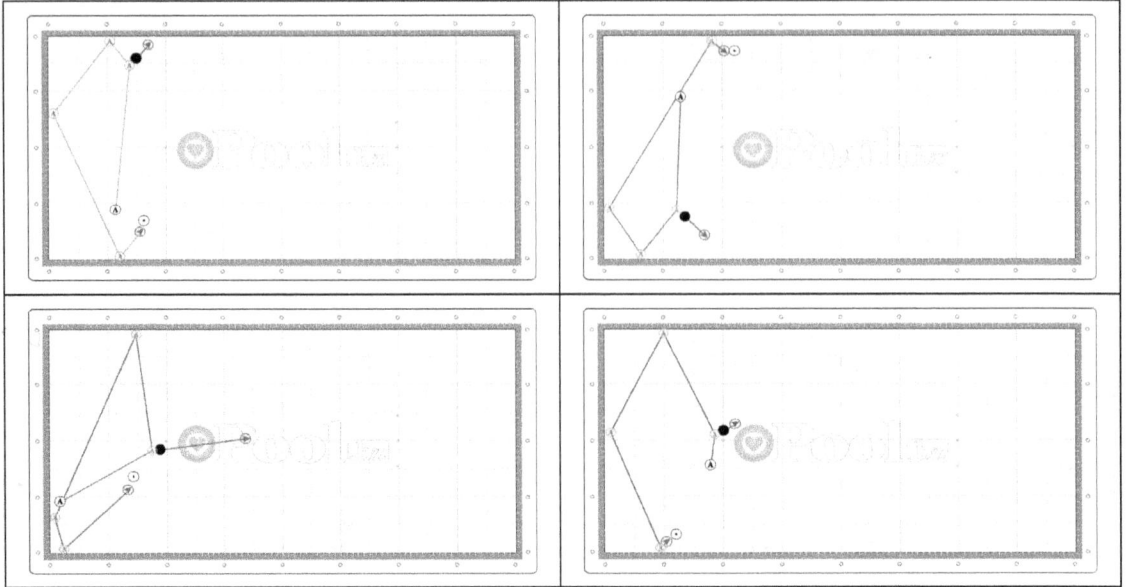

Análisis:

A:2a. _____

A:2b. _____

A:2c. _____

A:2d. _____

A:2a – Preparar

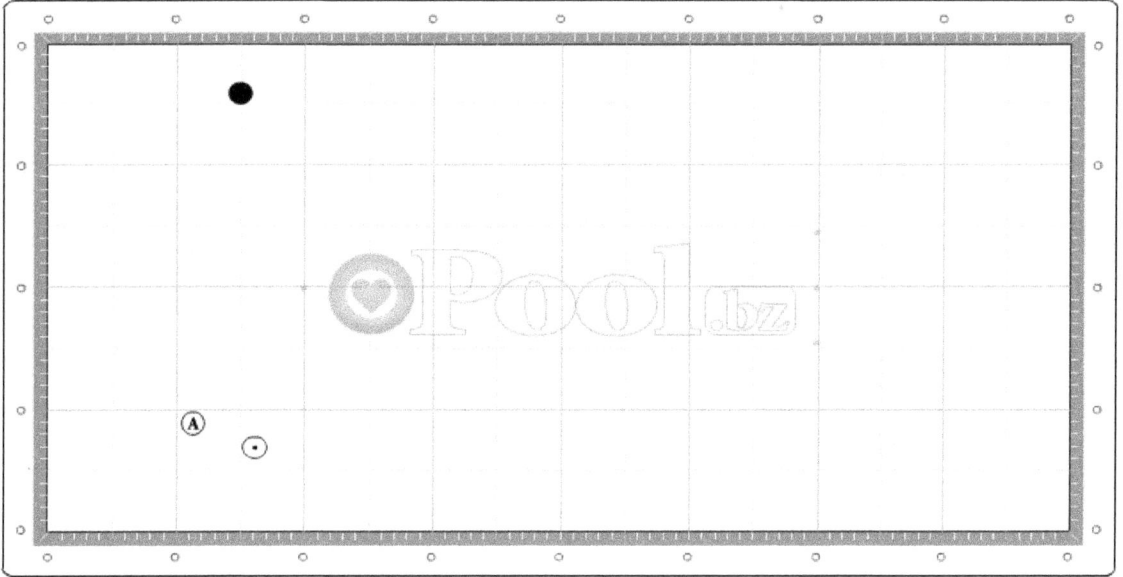

Notas e ideas:

Patrón de disparo

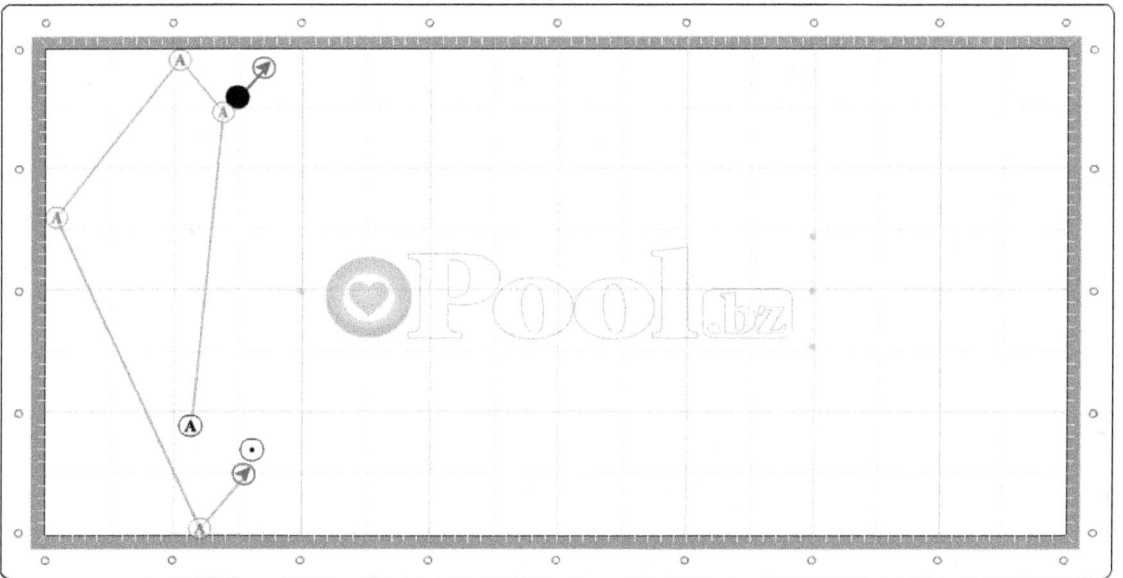

A:2b – Preparar

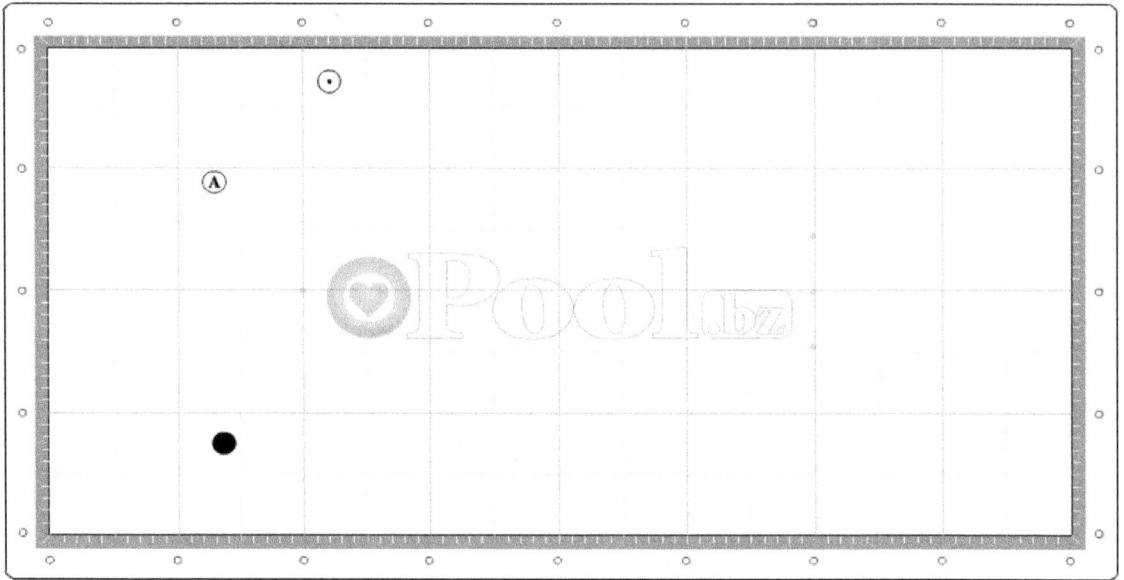

Notas e ideas:

Patrón de disparo

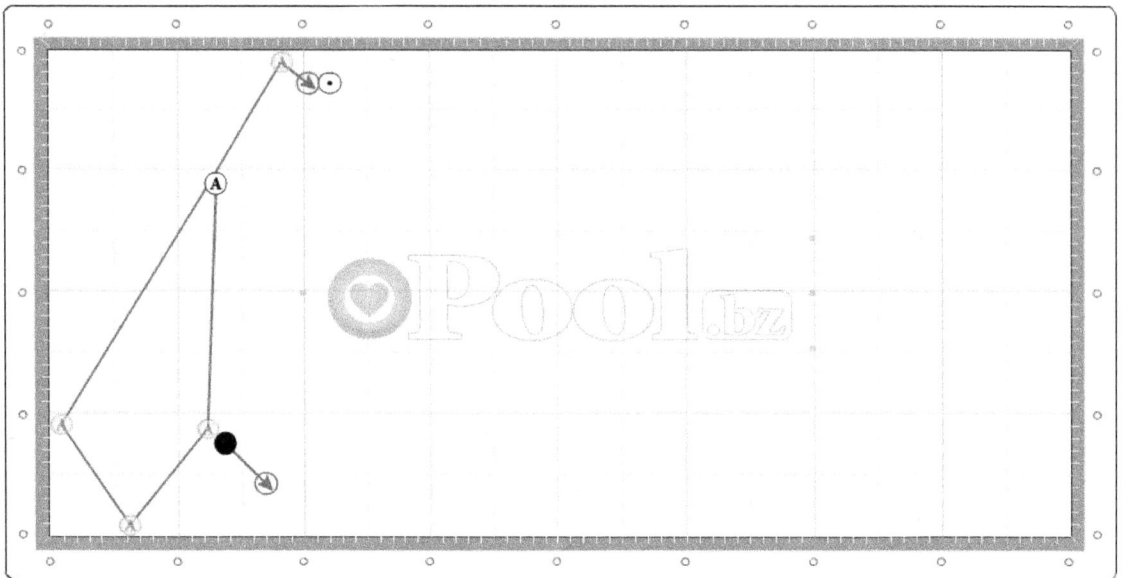

A:2c – Preparar

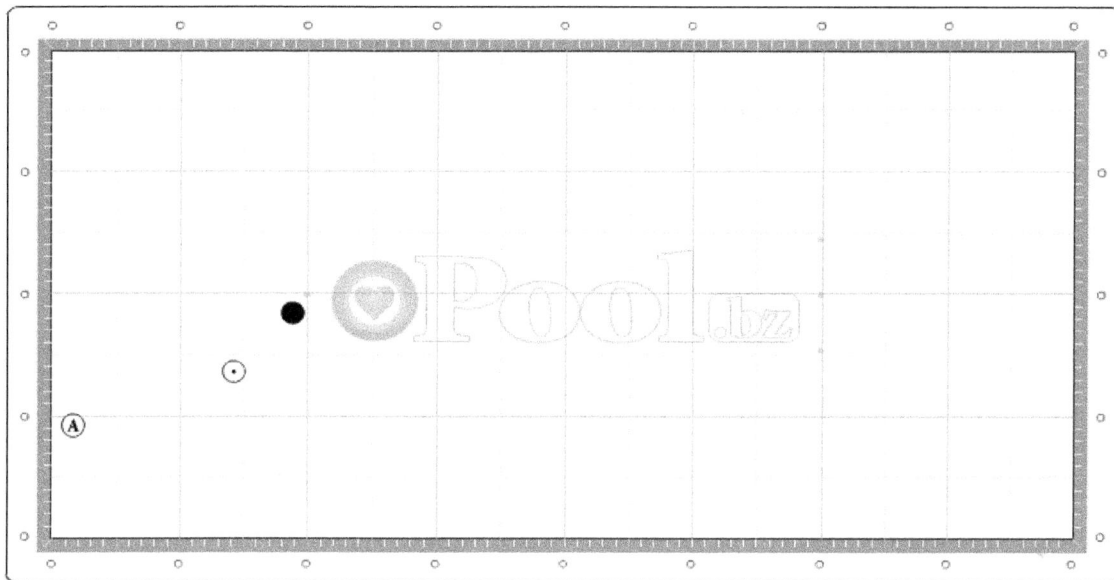

Notas e ideas:

Patrón de disparo

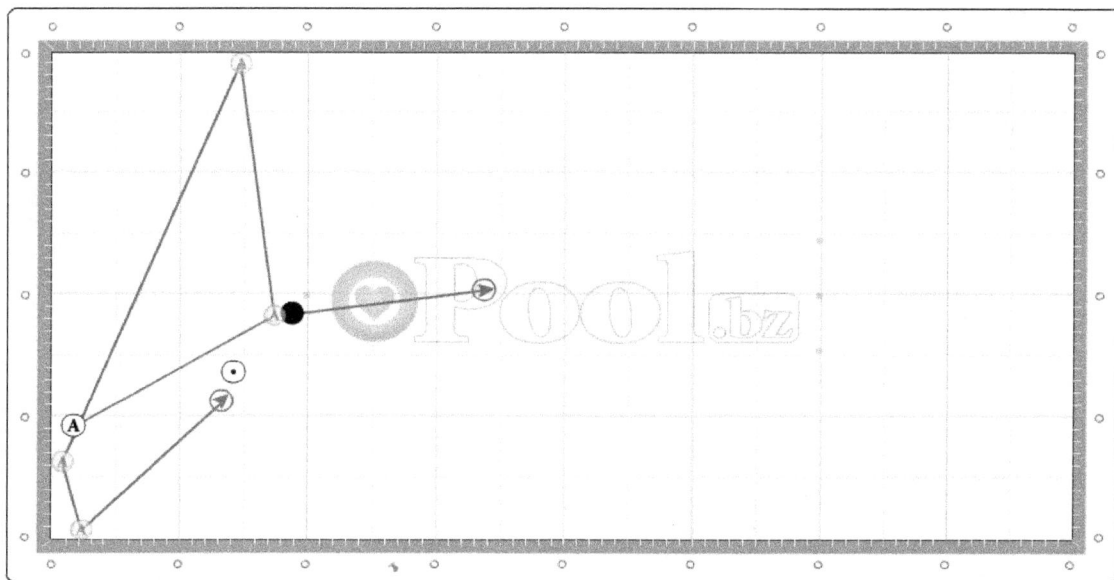

A:2d – Preparar

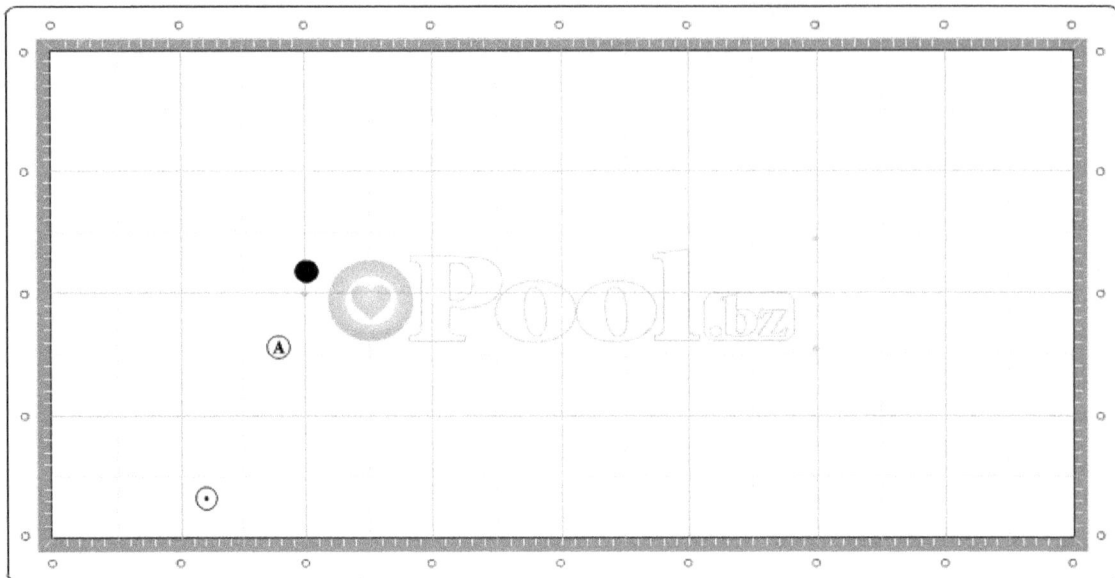

Notas e ideas:

Patrón de disparo

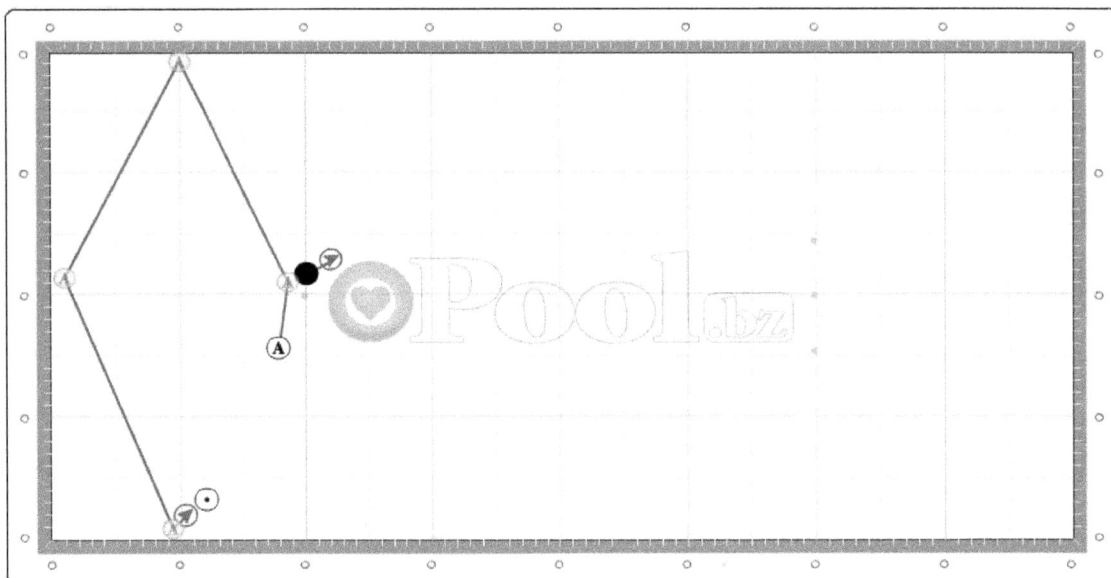

A: Grupo 3

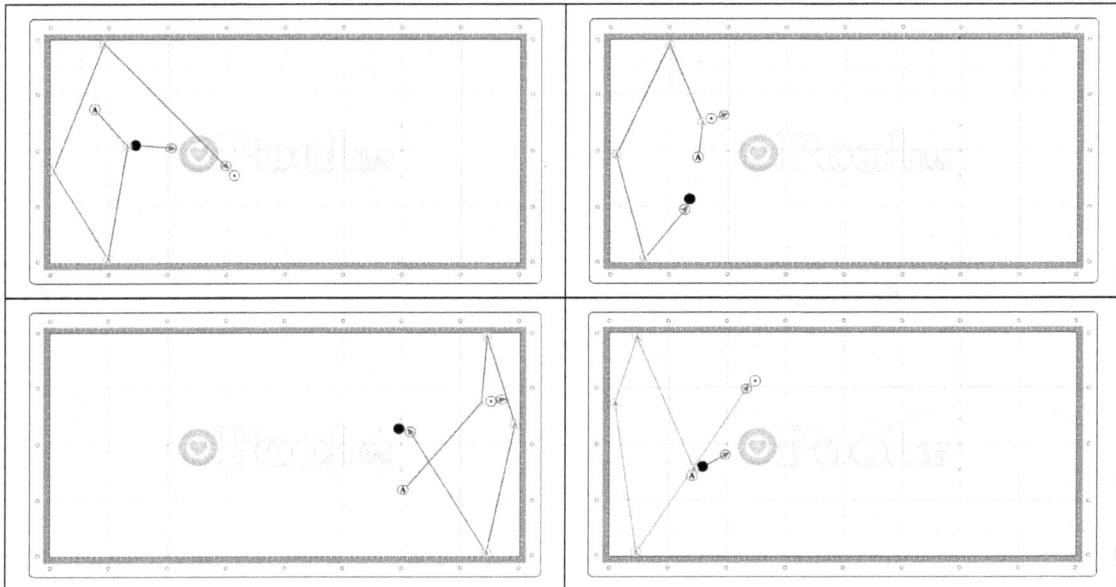

Análisis:

A:3a. _____

A:3b. _____

A:3c. _____

A:3d. _____

A:3 – Preparar

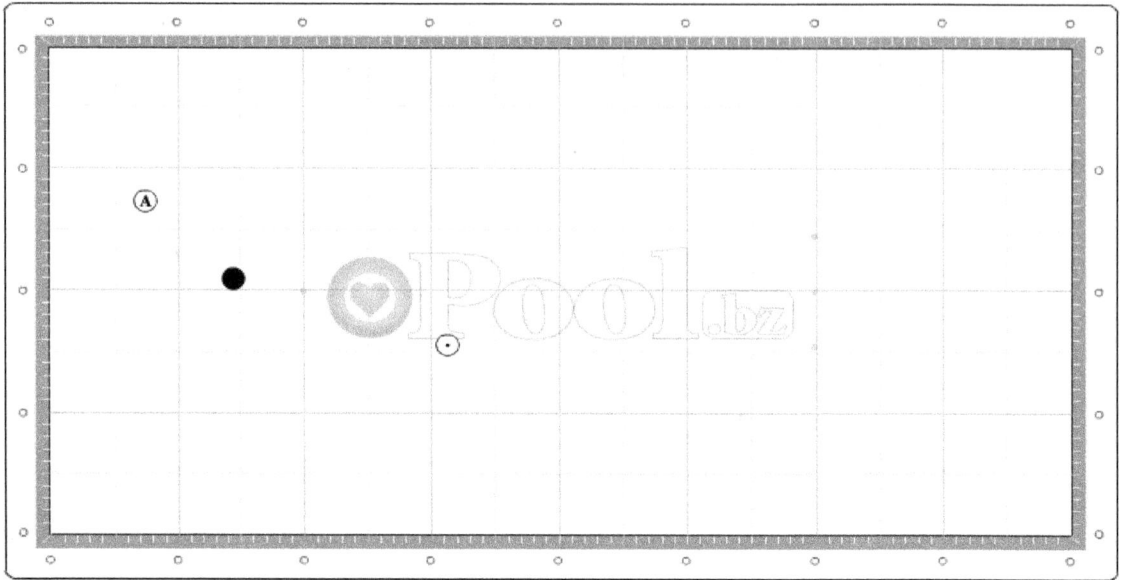

Notas e ideas:

Patrón de disparo

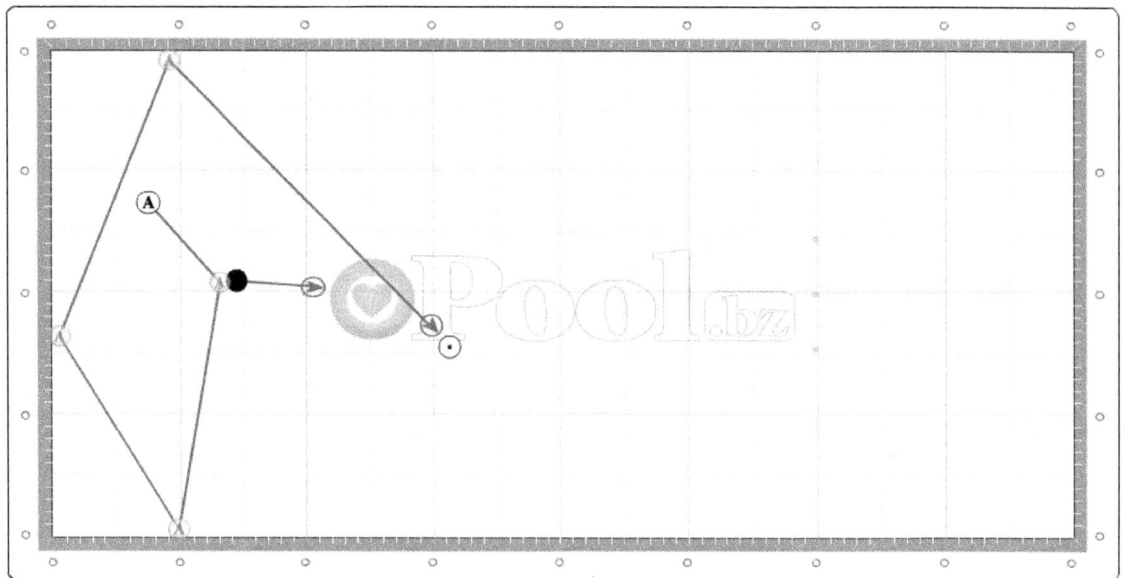

A:3b – Preparar

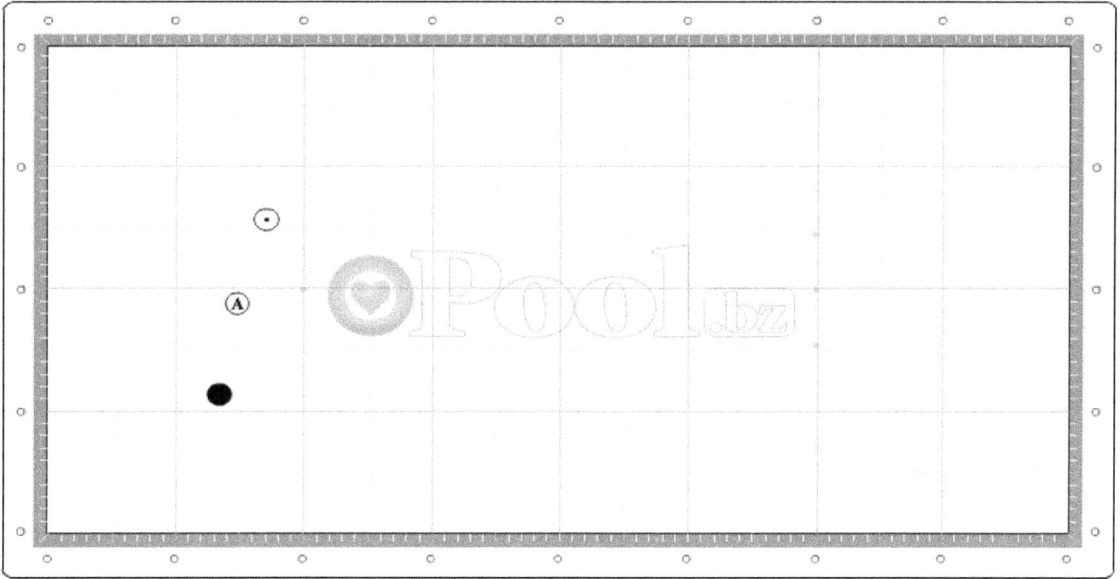

Notas e ideas:

Patrón de disparo

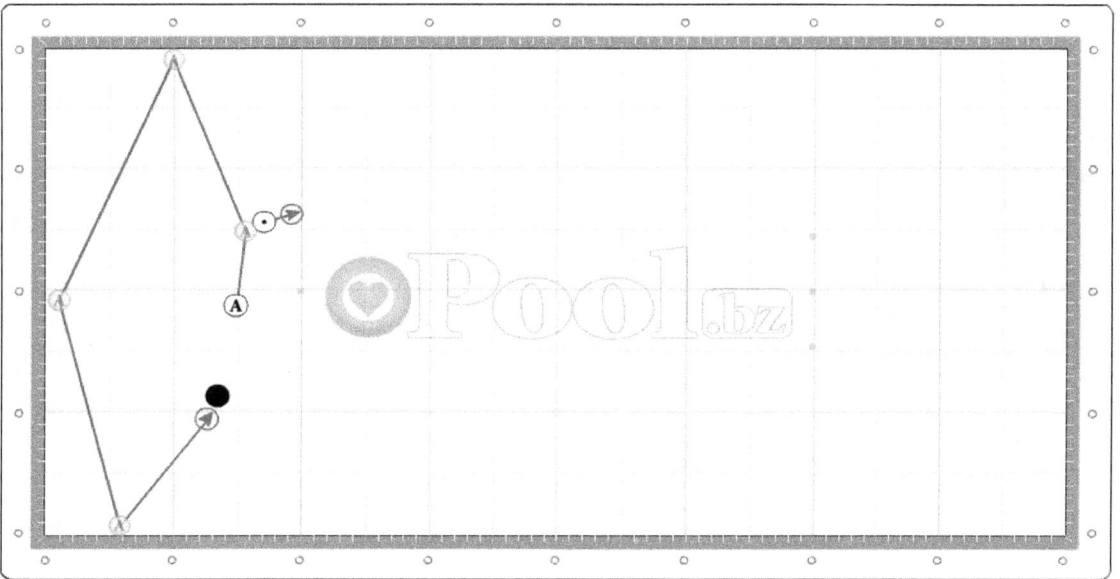

A:3c – Preparar

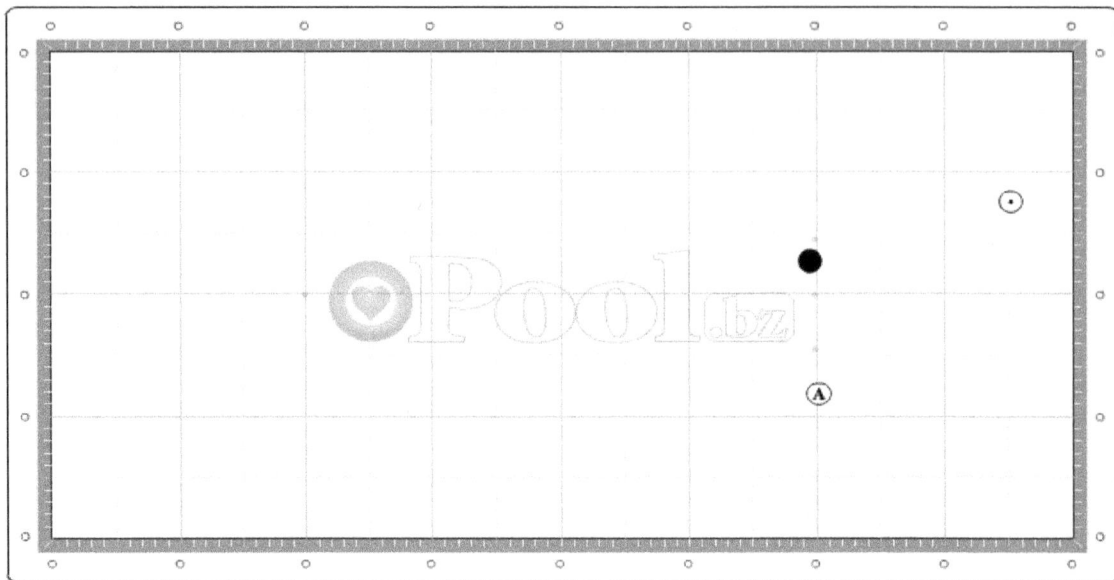

Notas e ideas:

Patrón de disparo

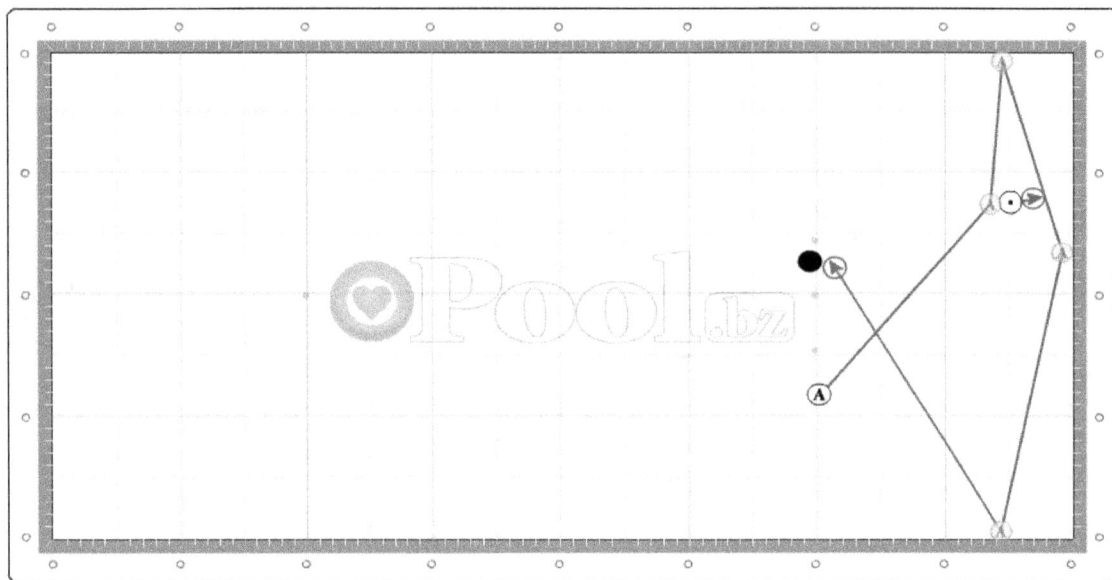

A:3d – Preparar

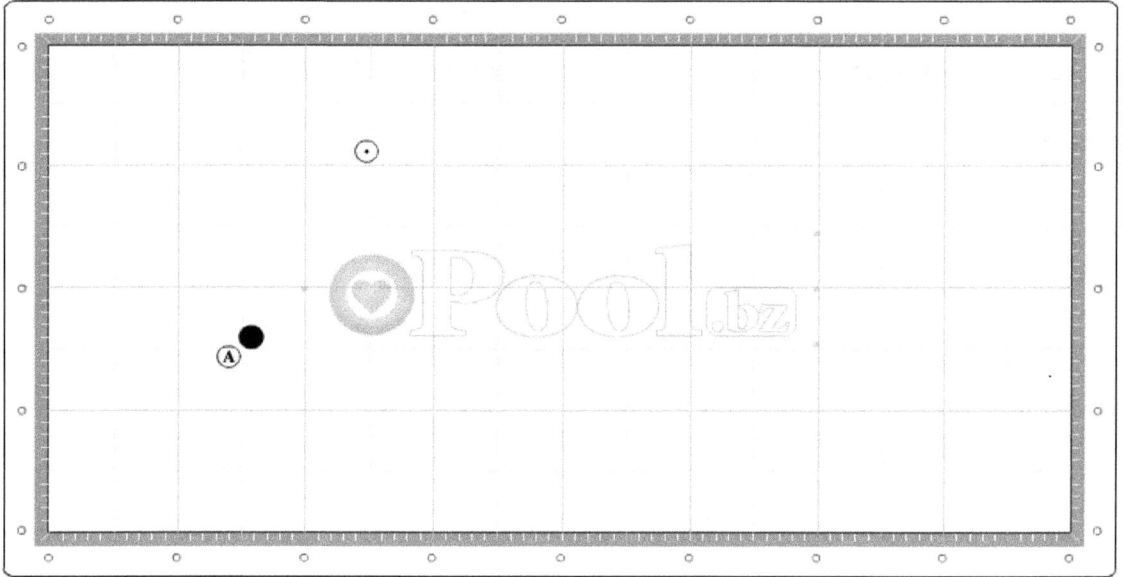

Notas e ideas:

Patrón de disparo

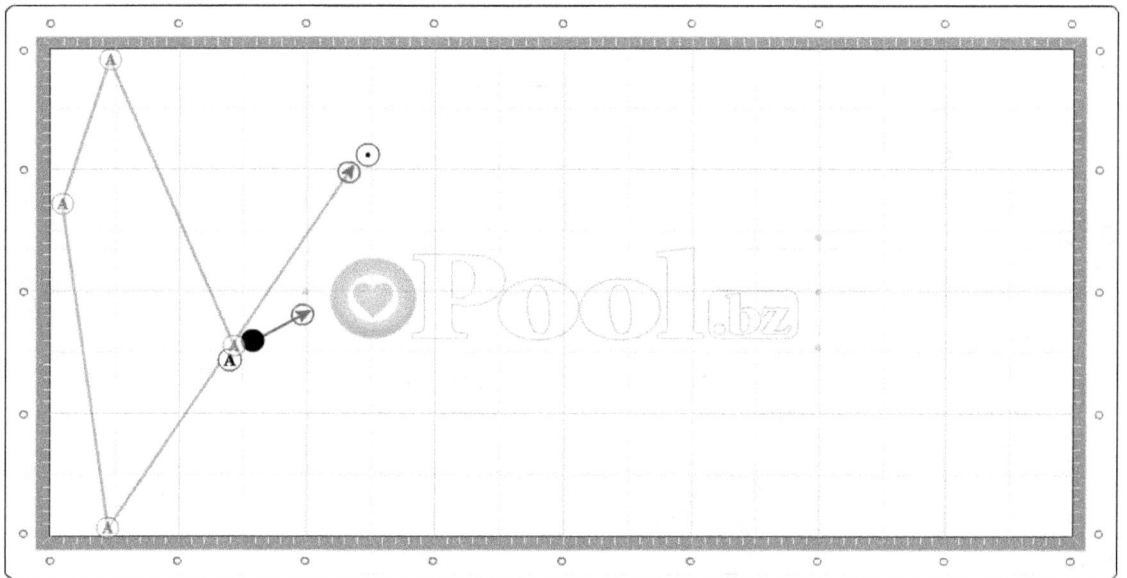

B: 1/8 mesa

El (CB) viaja a una pequeña octava parte del área de la mesa.

Ⓐ (CB) (su bola de billar) - ☉ (OB) (bola de billar oponente) - ⬤ (OB) (bola de billar roja)

B: Grupo 1

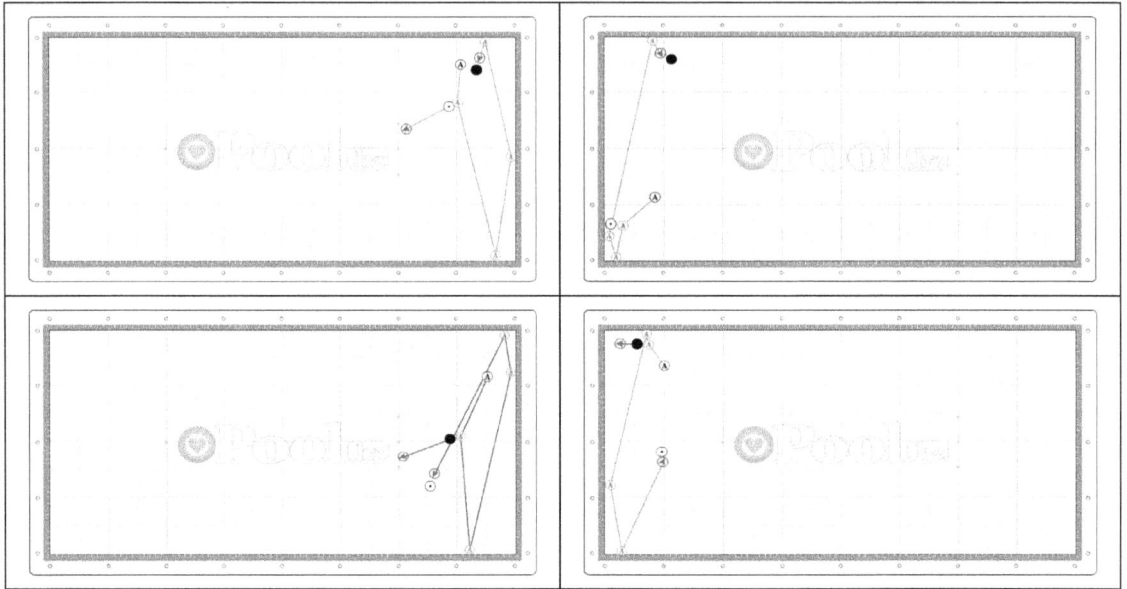

Análisis:

B:1a. _____

B:1b. _____

B:1c. _____

B:1d. _____

B:1a – Preparar

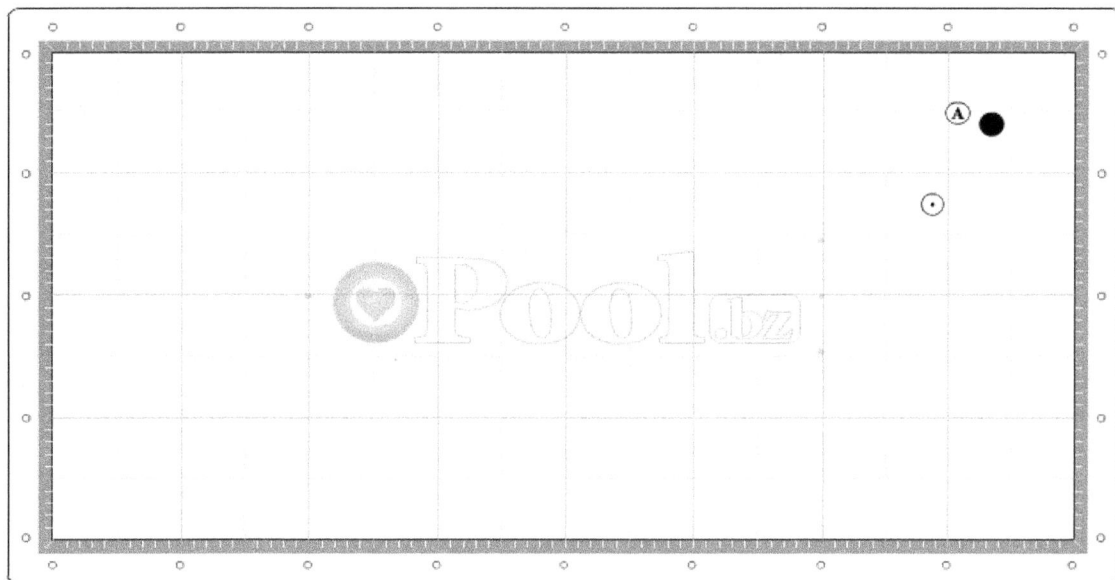

Notas e ideas:

Patrón de disparo

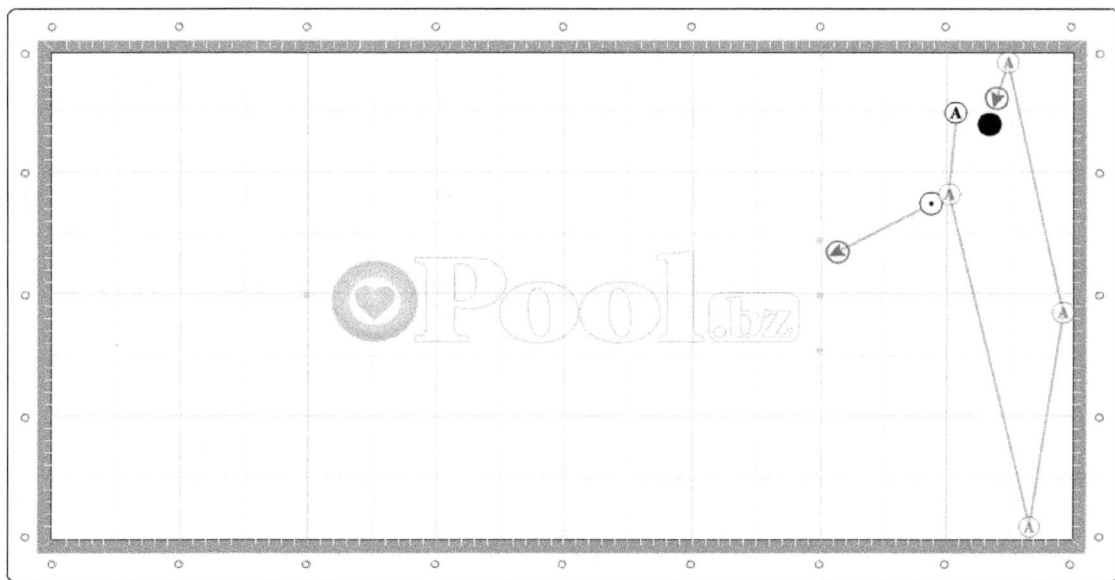

B:1b – Preparar

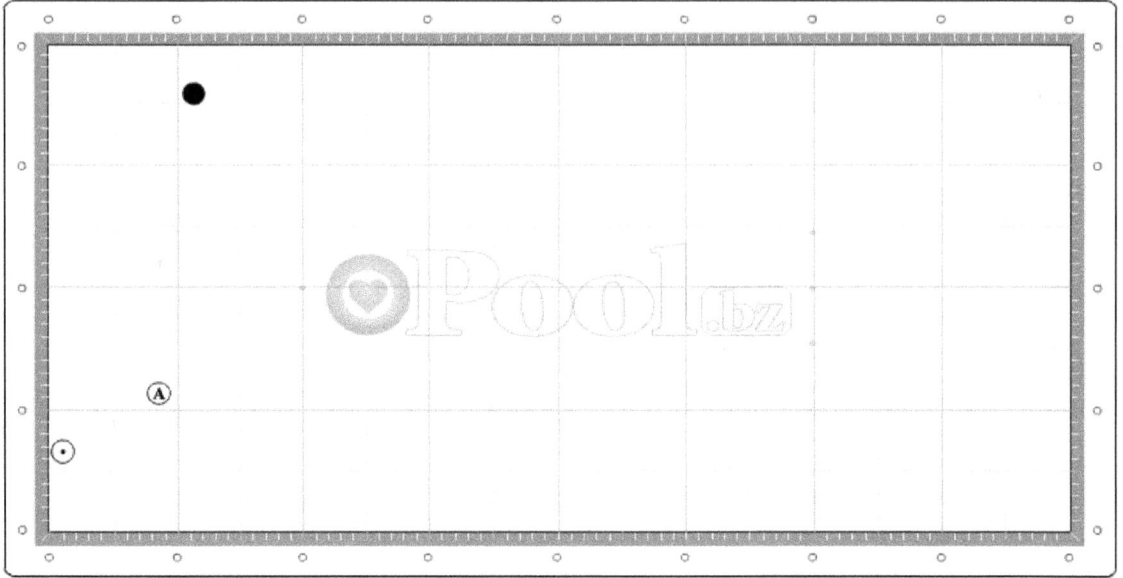

Notas e ideas:

Patrón de disparo

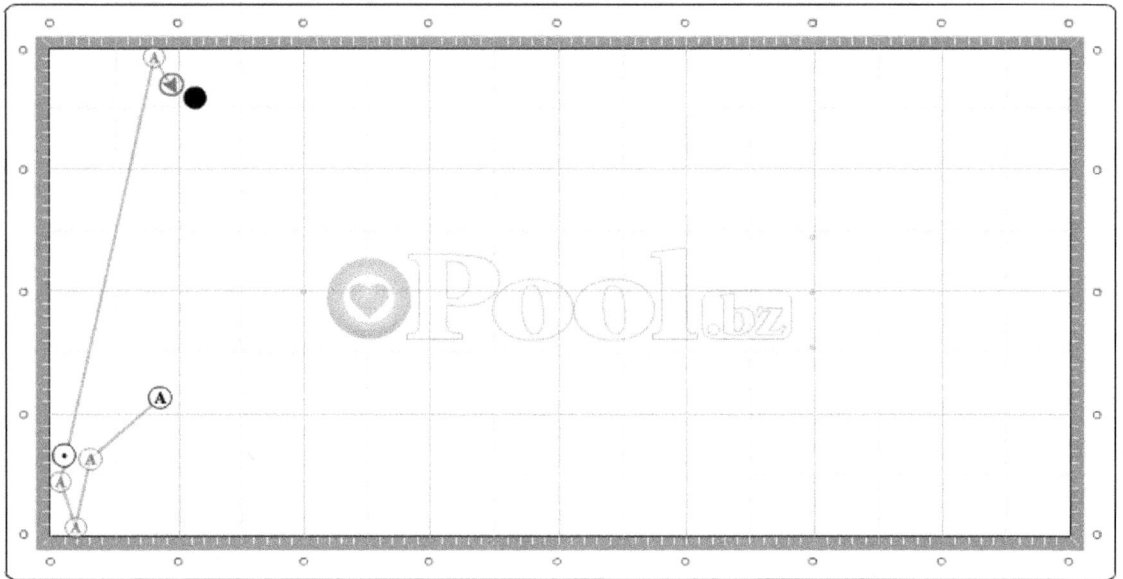

B:1c – Preparar

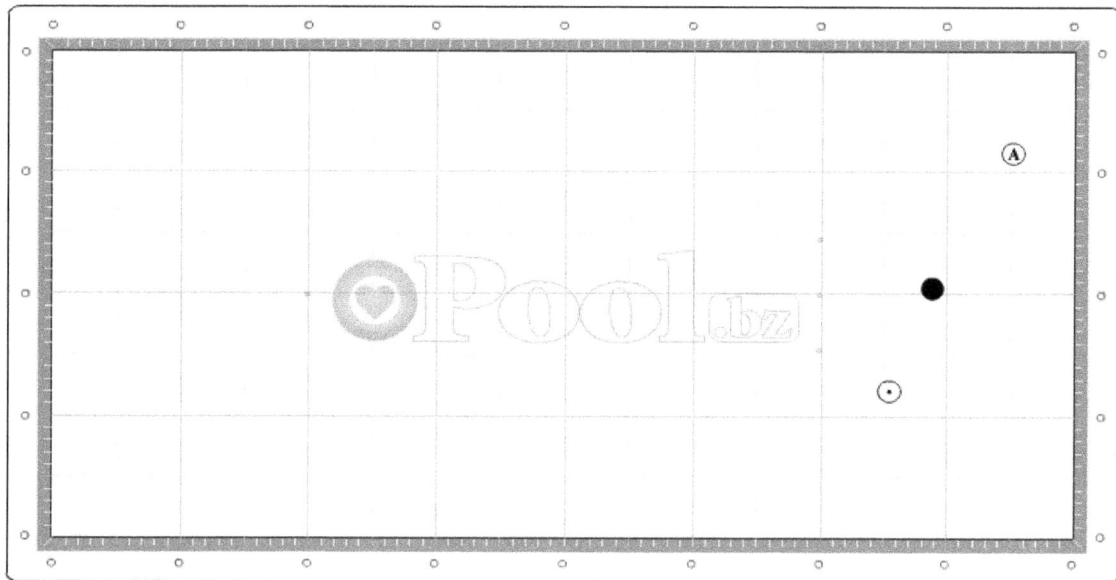

Notas e ideas:

Patrón de disparo

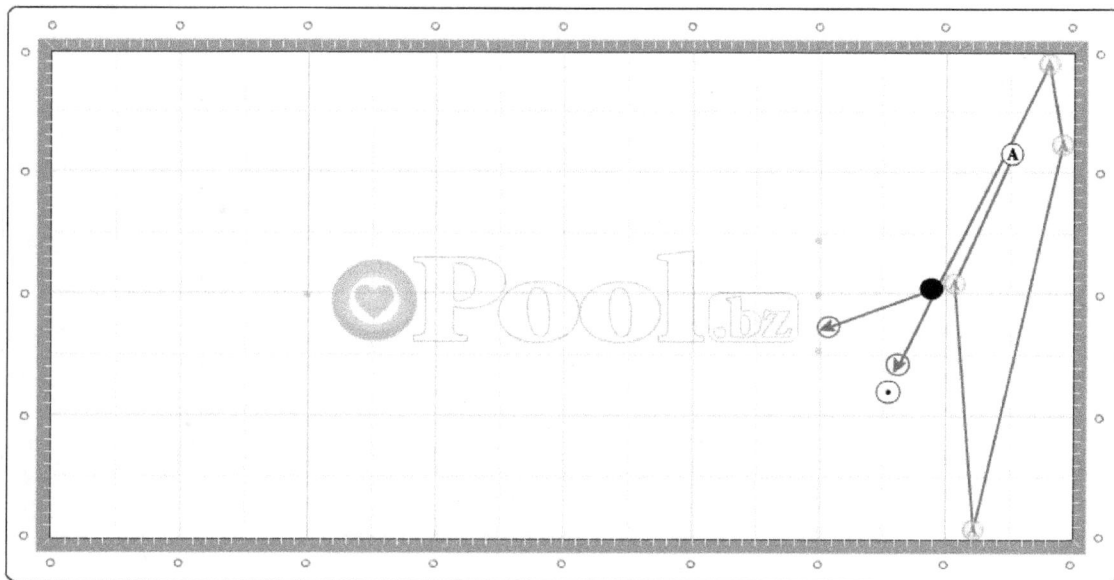

B:1d – Preparar

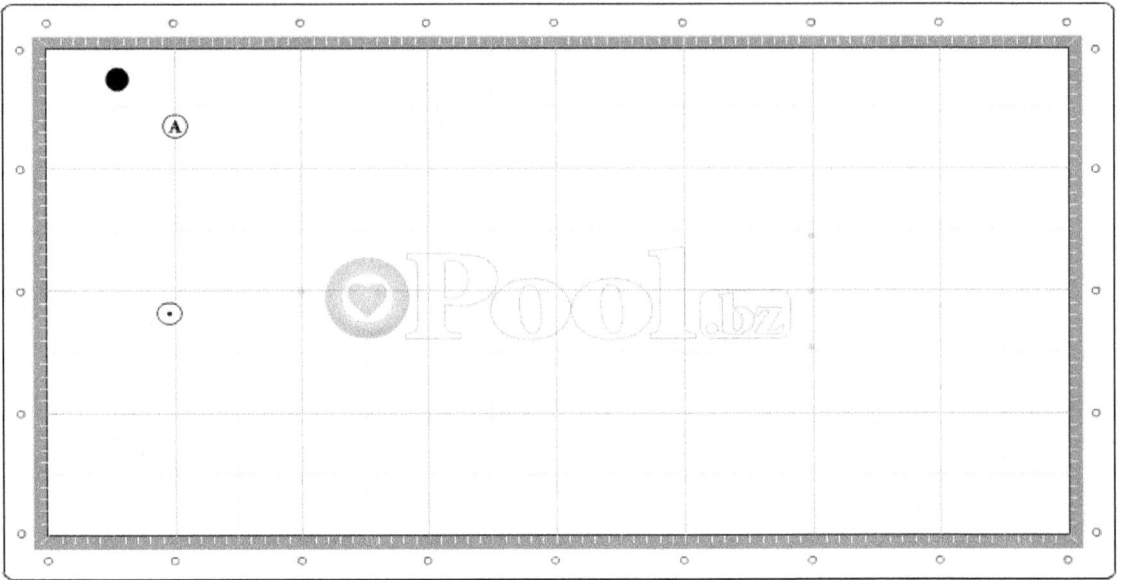

Notas e ideas:

Patrón de disparo

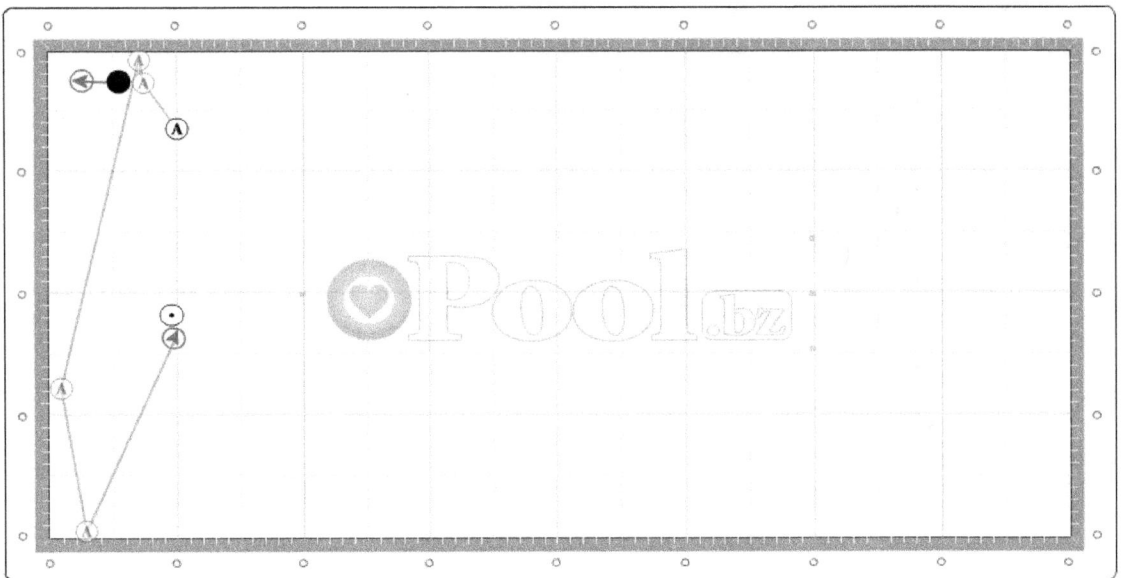

B: Grupo 2

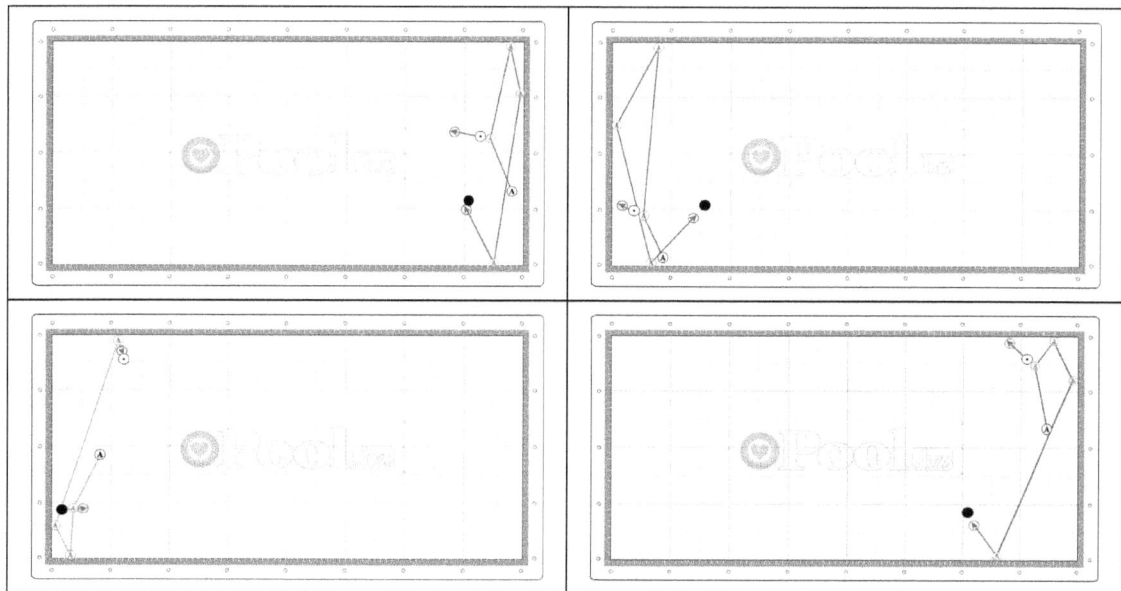

Análisis:

B:2a. _____

B:2b. _____

B:2c. _____

B:2d. _____

B:2a – Preparar

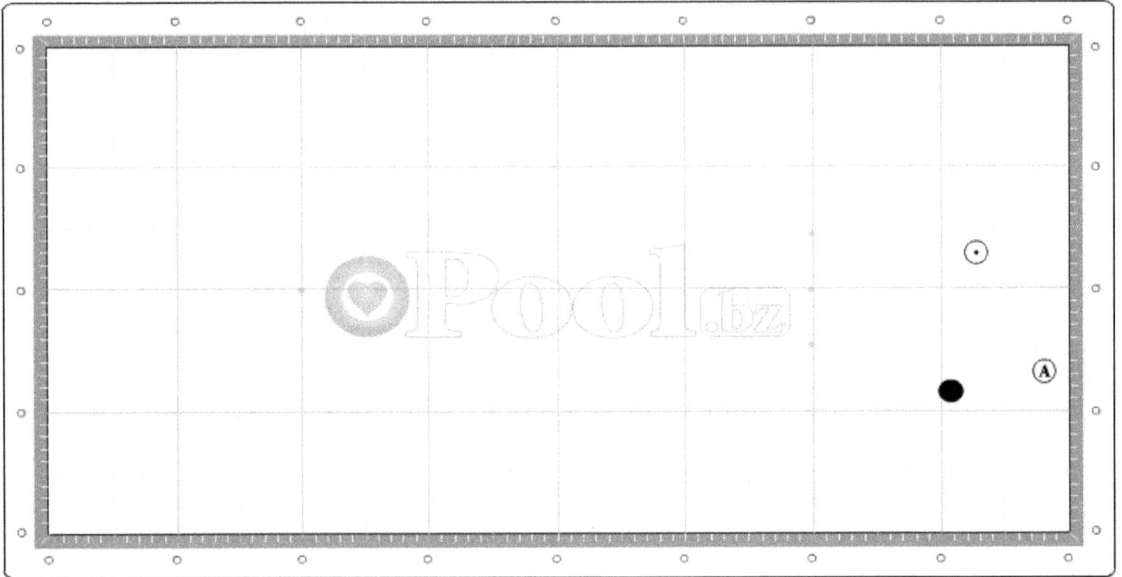

Notas e ideas:

Patrón de disparo

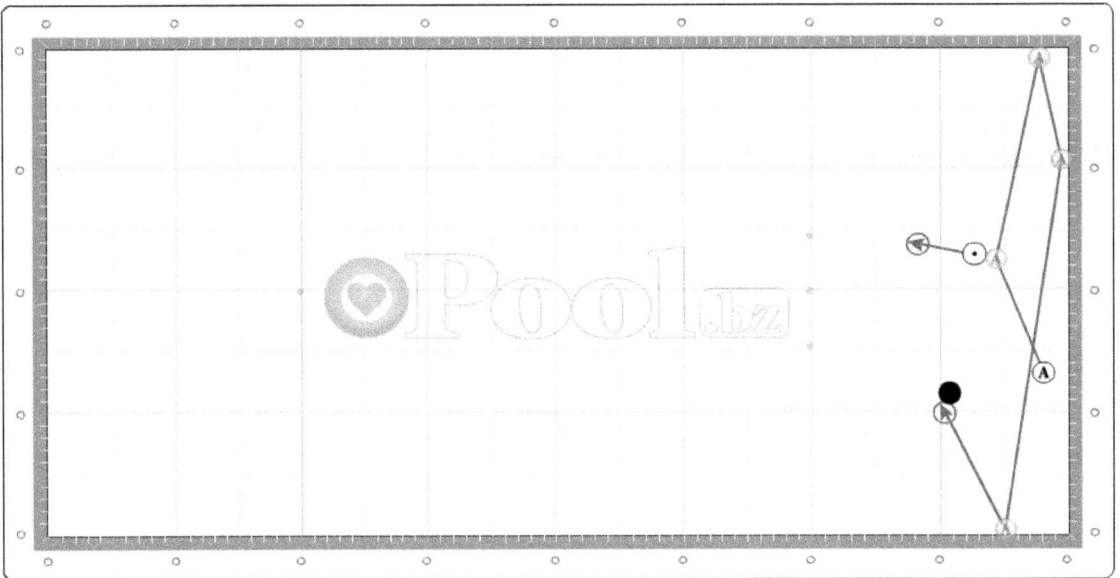

B:2b – Preparar

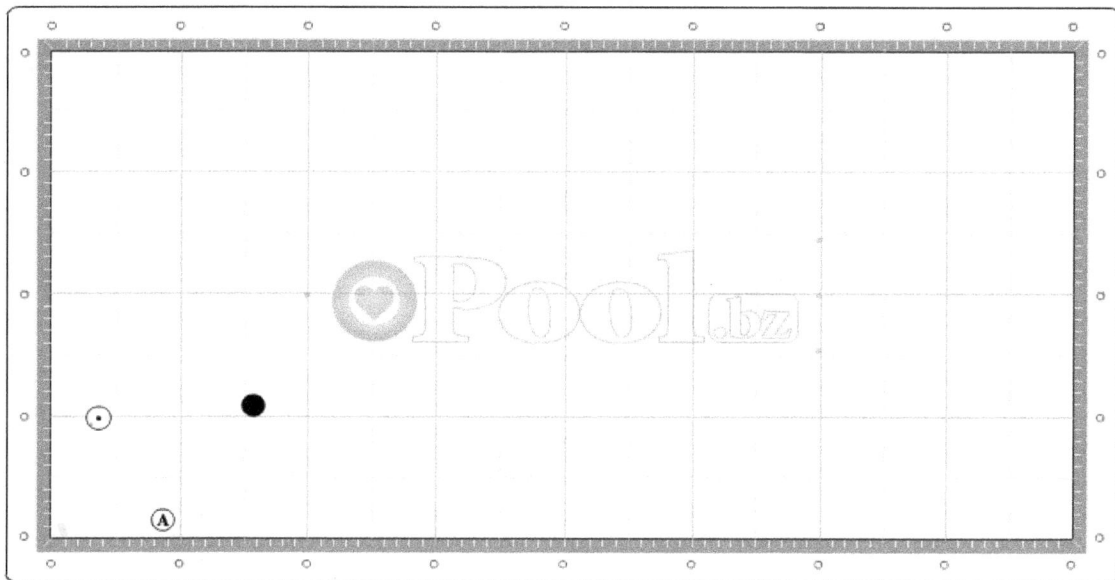

Notas e ideas:

Patrón de disparo

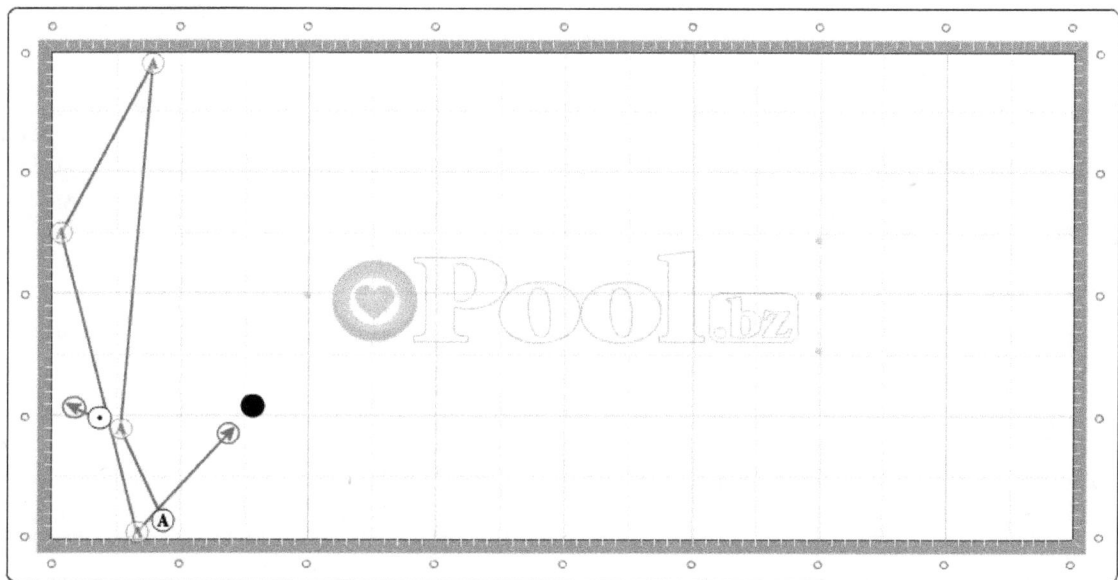

B:2c – Preparar

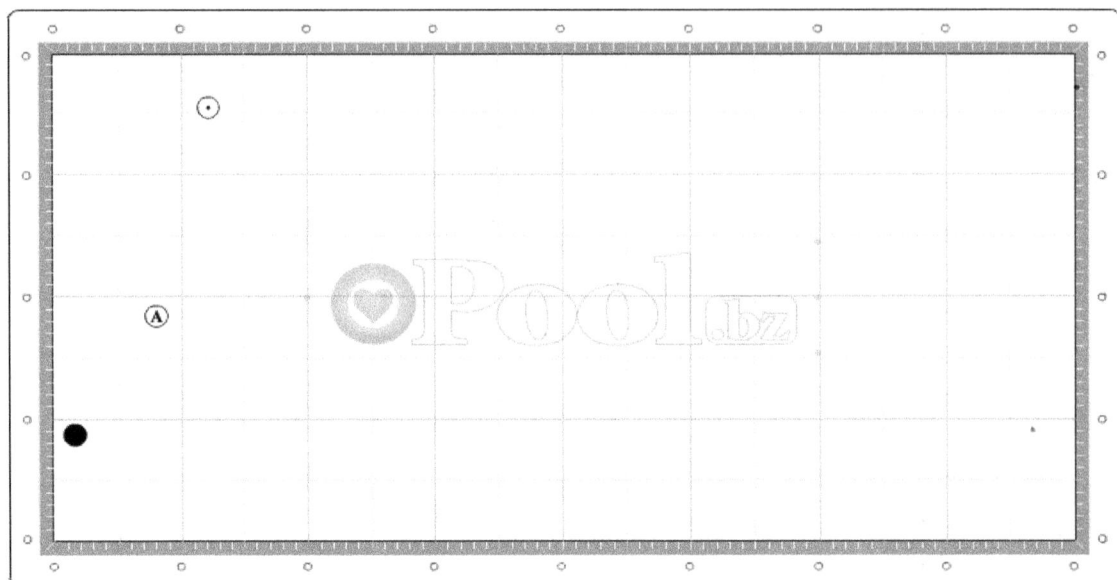

Notas e ideas:

Patrón de disparo

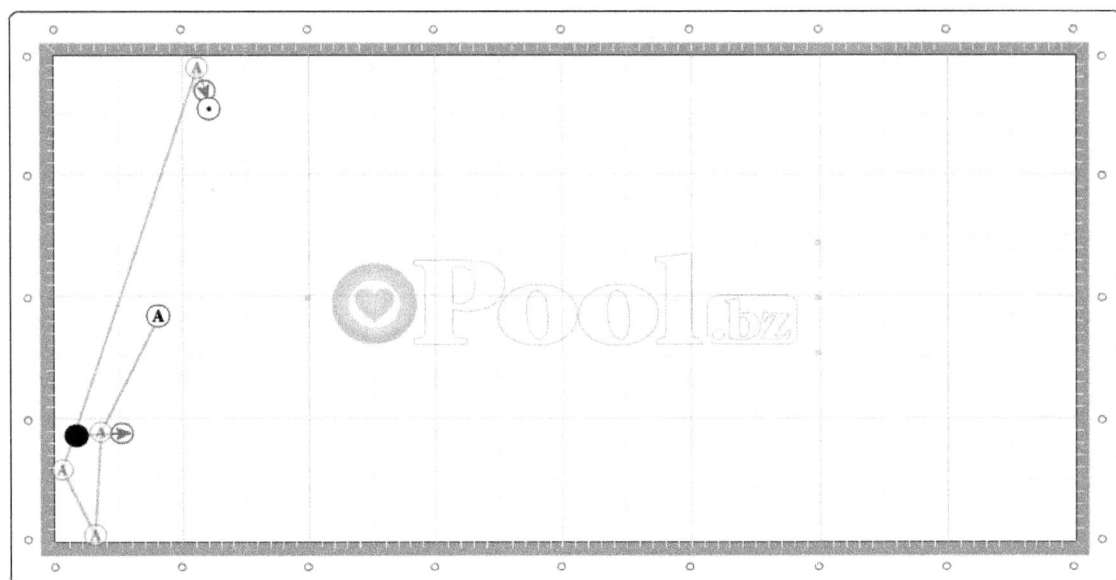

B:2d – Preparar

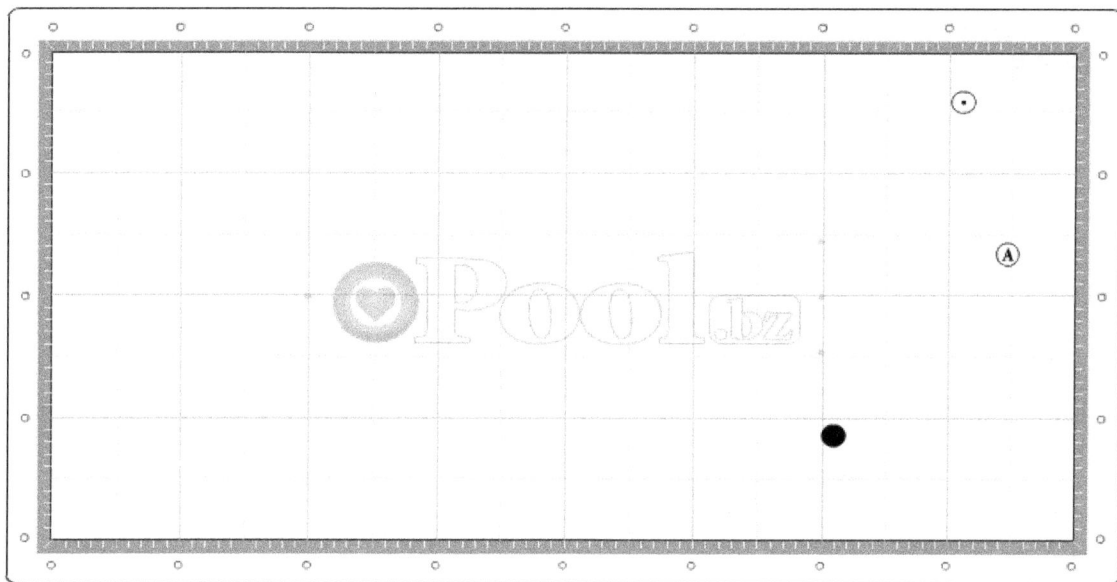

Notas e ideas:

Patrón de disparo

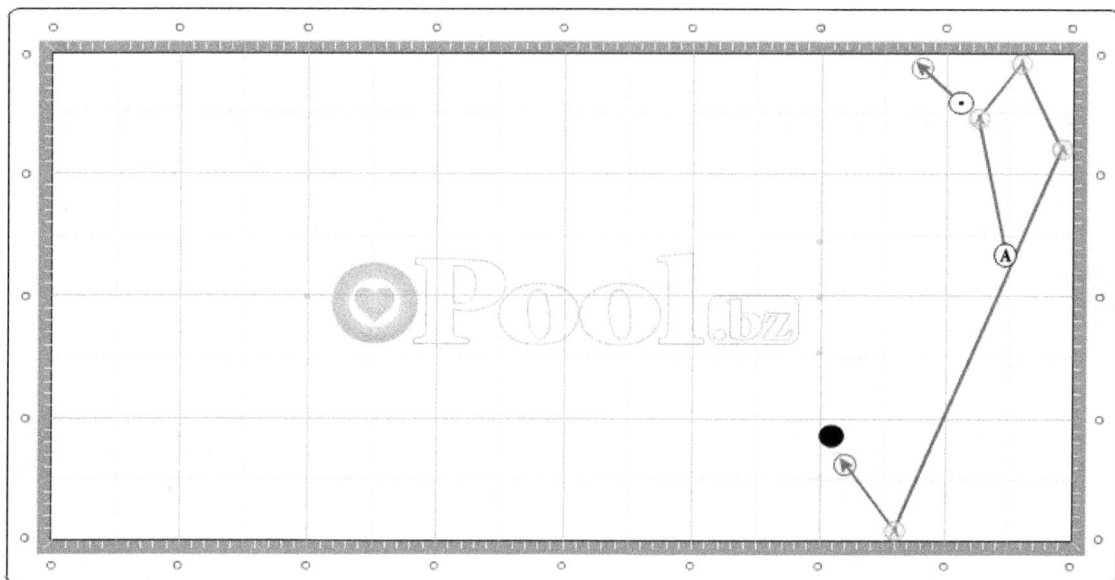

C: Forzar la pelota hacia adelante

Después de que (CB) hace contacto con el primer giro superior (OB), (CB), la bola avanza hacia el patrón.

Ⓐ (CB) (su bola de billar) - ⊙ (OB) (bola de billar oponente) - ● (OB) (bola de billar roja)

C: Grupo 1

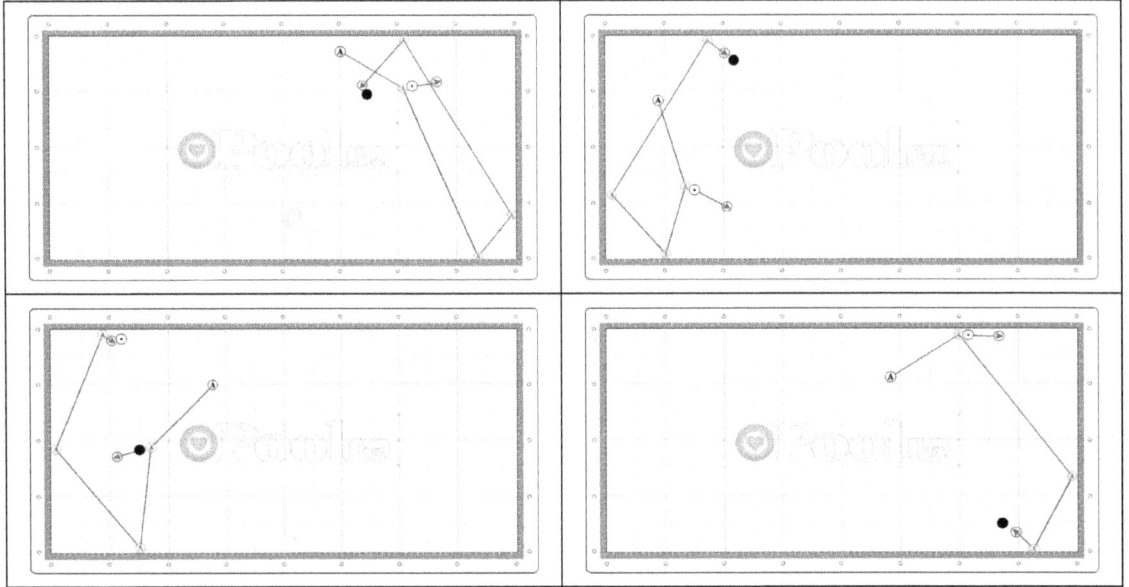

Análisis:

C:1a. _____

C:1b. _____

C:1c. _____

C:1d. _____

C:1a – Preparar

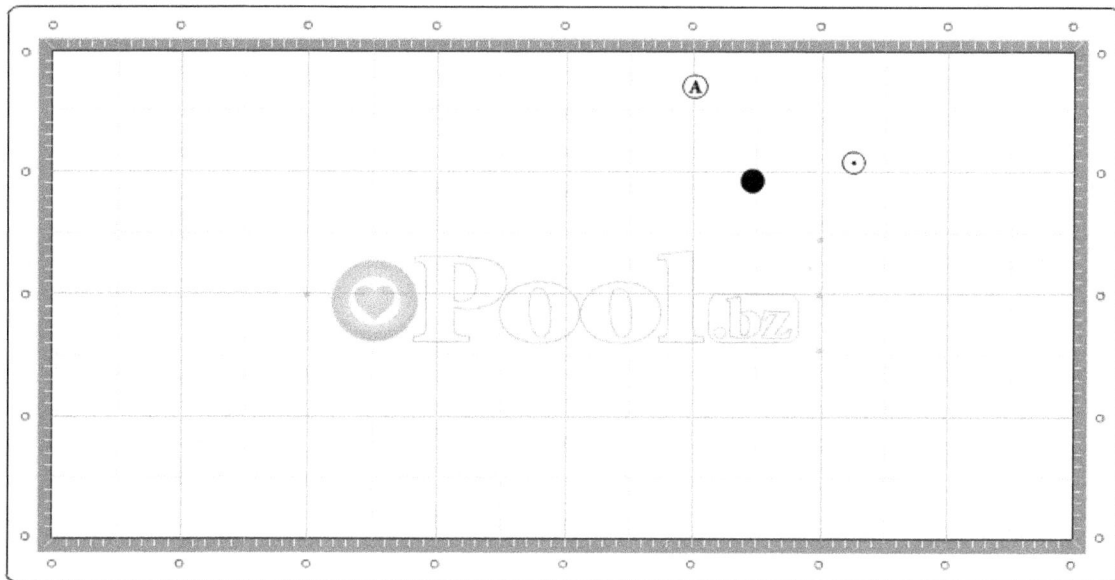

Notas e ideas:

Patrón de disparo

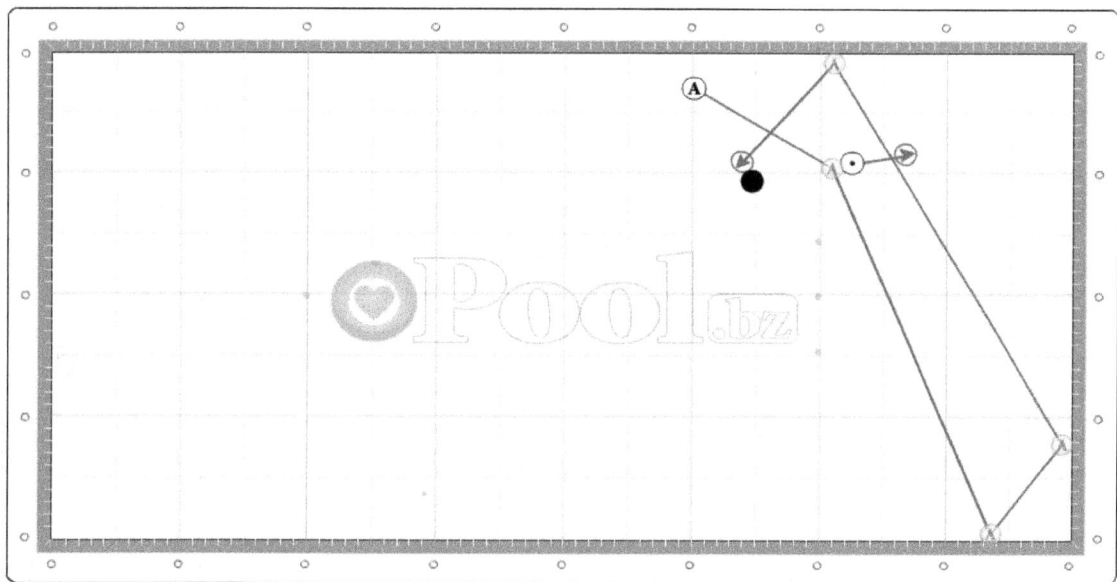

C:1b – Preparar

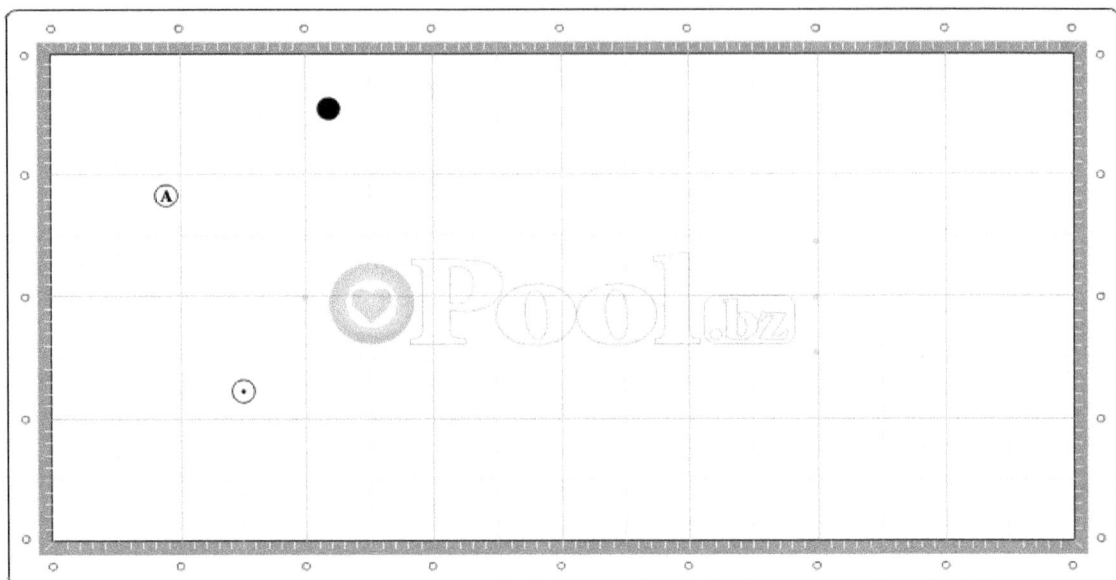

Notas e ideas:

Patrón de disparo

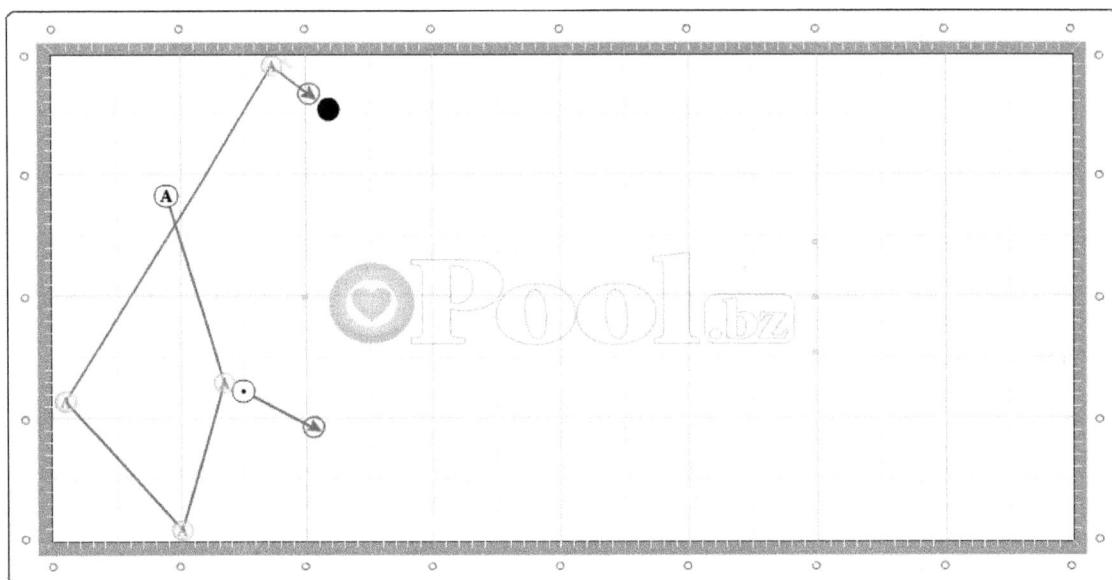

C:1c – Preparar

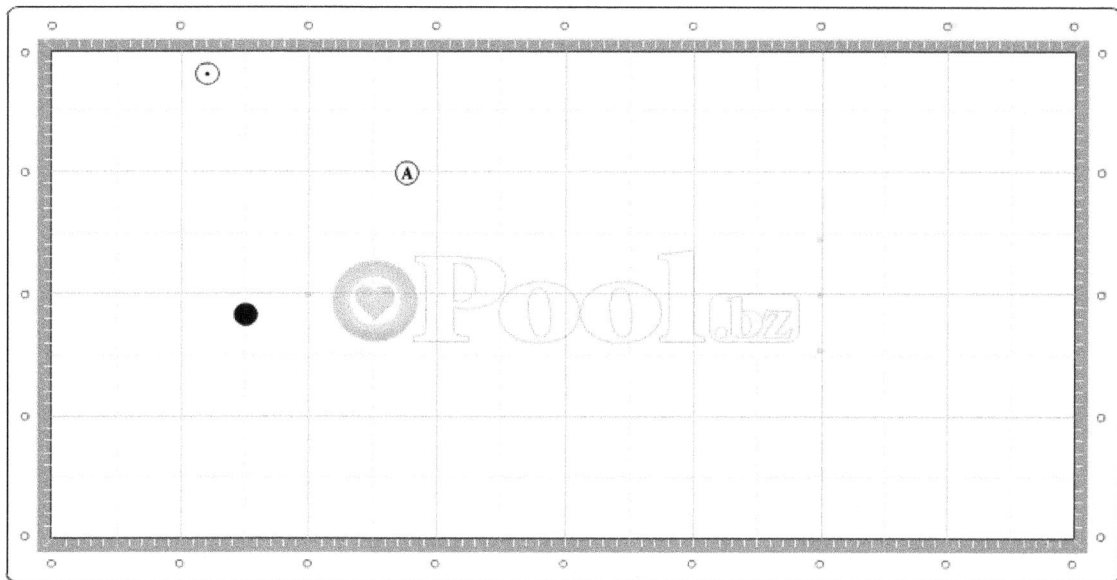

Notas e ideas:

Patrón de disparo

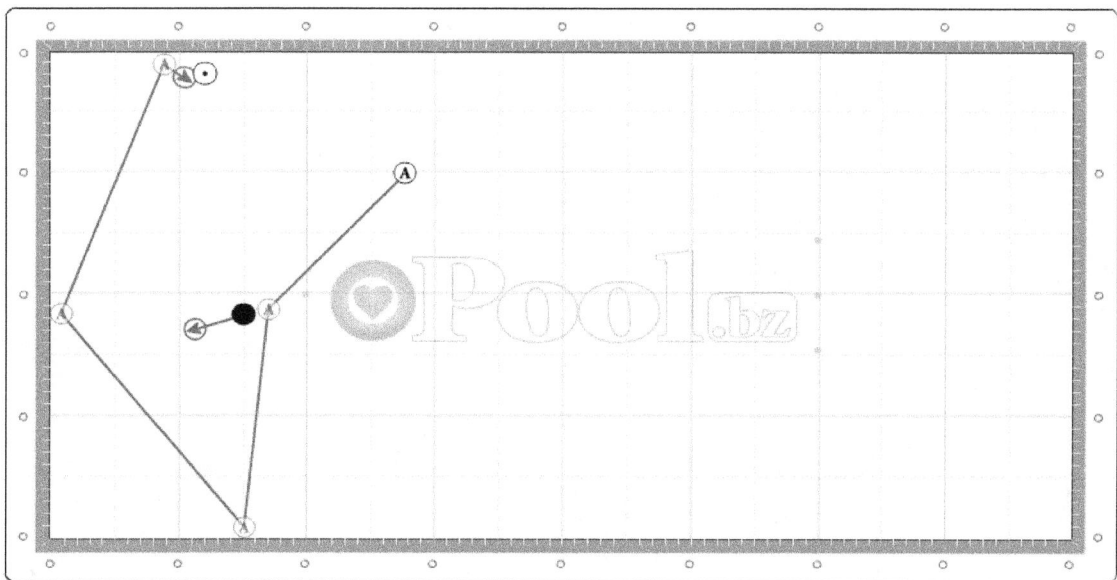

C:1d – Preparar

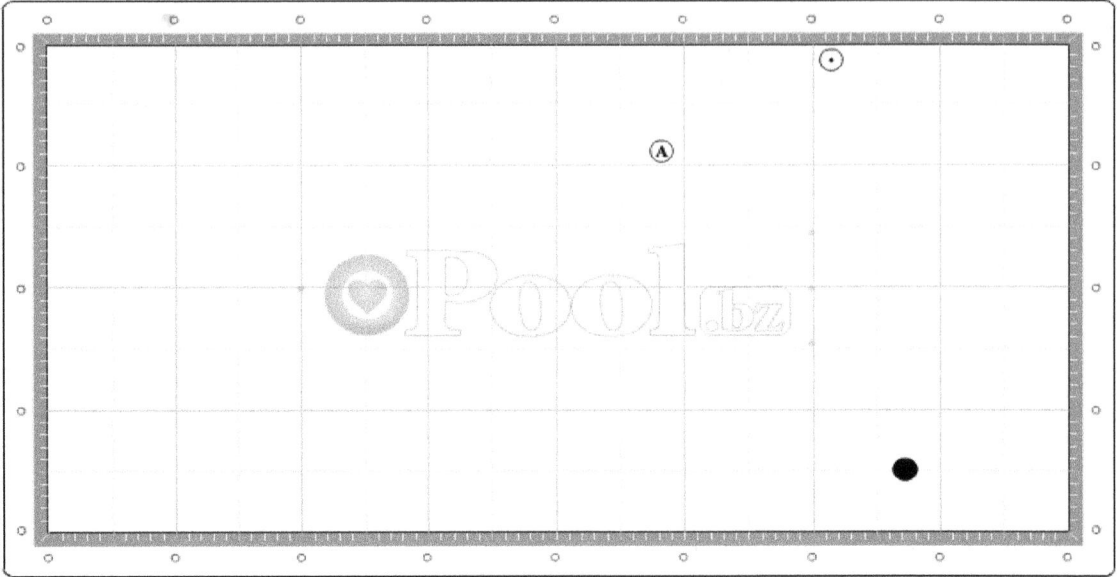

Notas e ideas:

Patrón de disparo

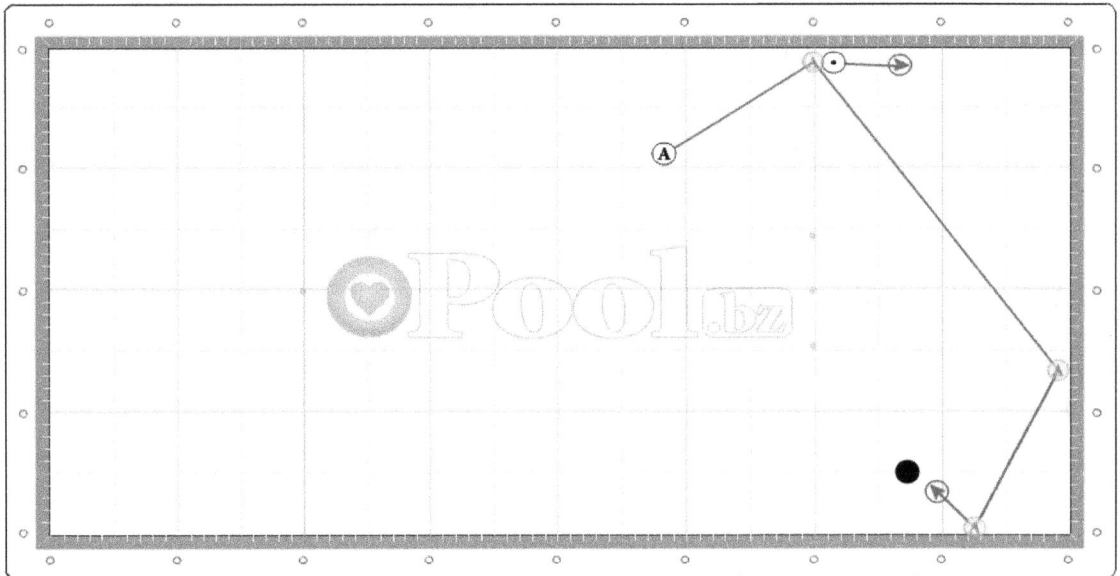

C: Grupo 2

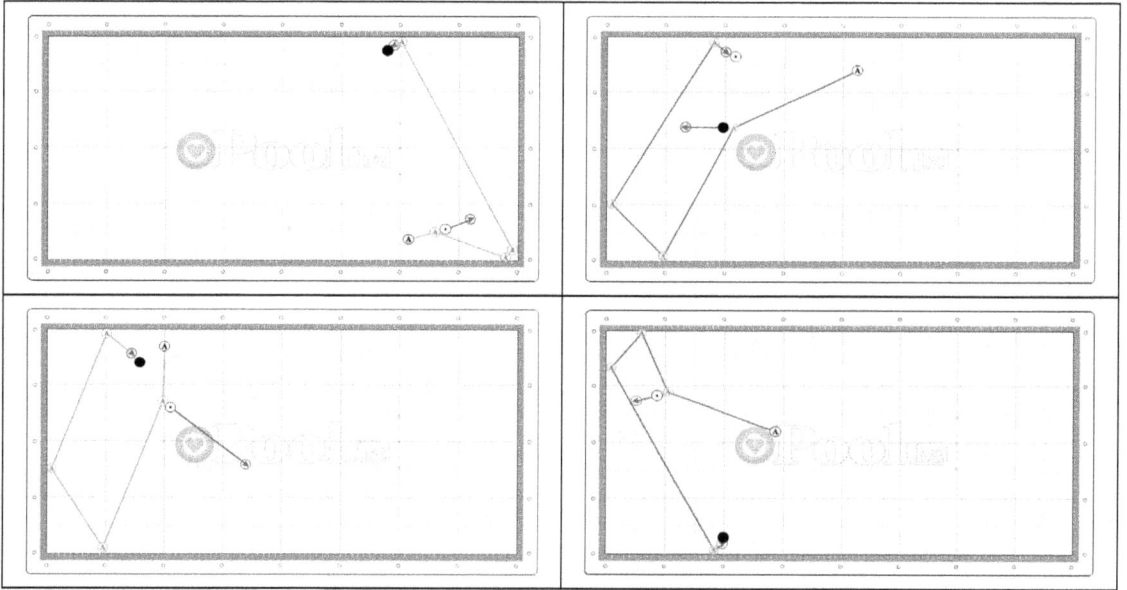

Análisis:

C:2a. _____

C:2b. _____

C:2c. _____

C:2d. _____

C:2a – Preparar

Notas e ideas:

Patrón de disparo

C:2b – Preparar

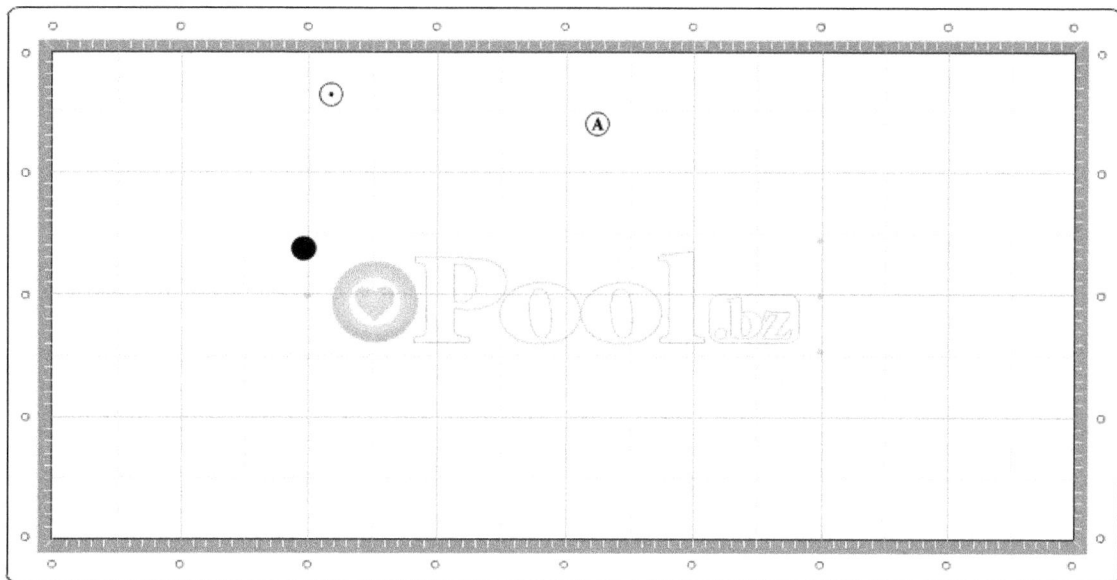

Notas e ideas:

Patrón de disparo

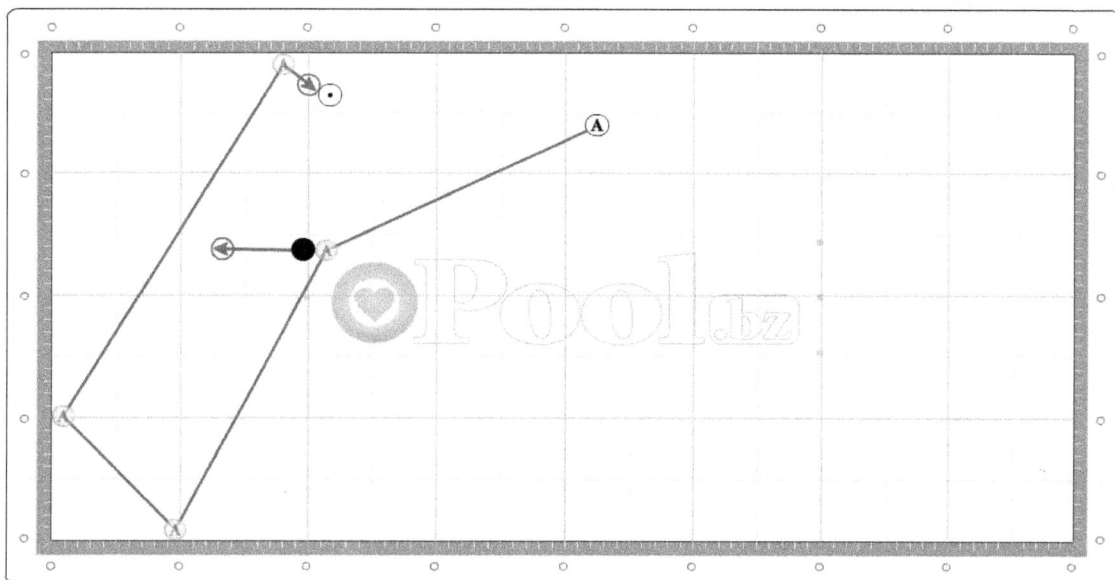

C:2c – Preparar

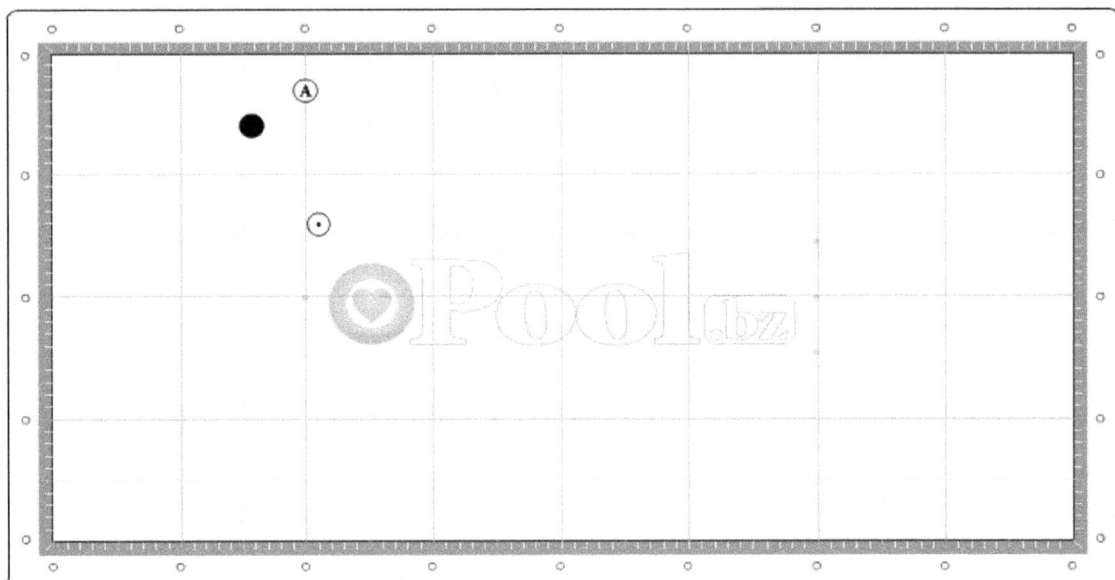

Notas e ideas:

Patrón de disparo

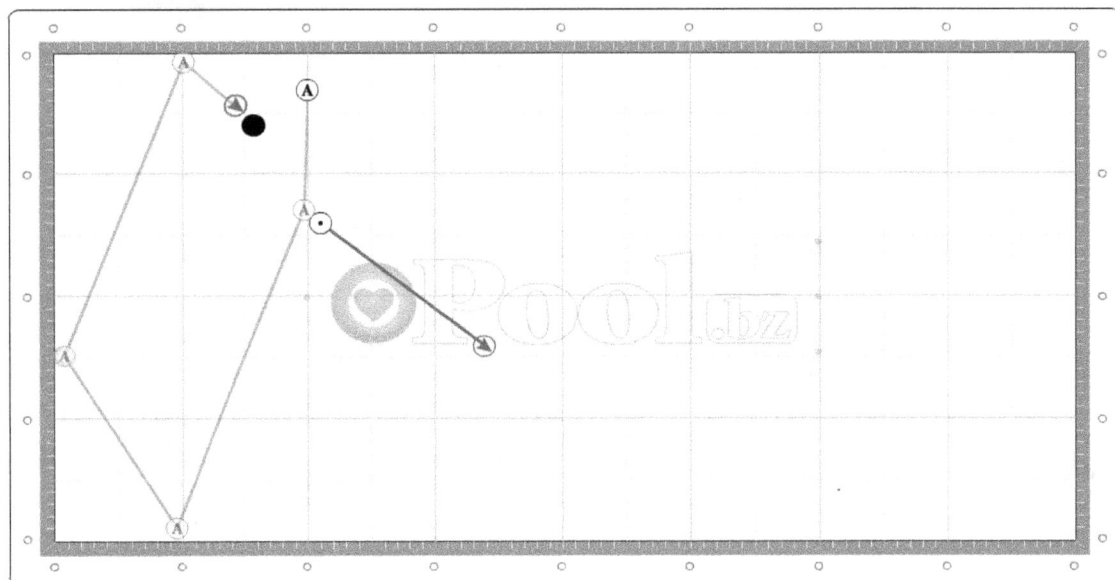

C:2d – Preparar

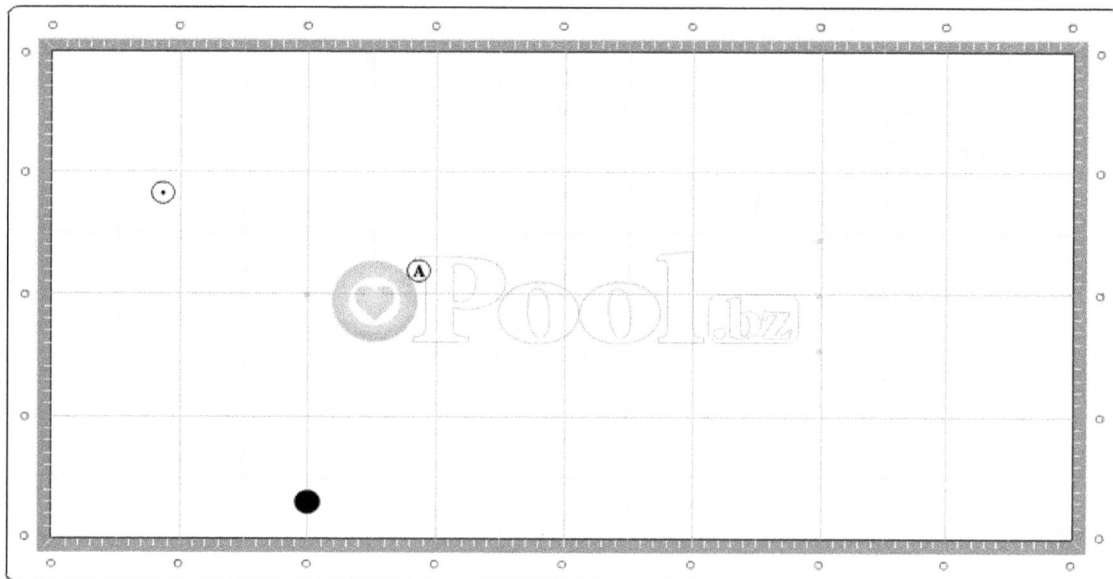

Notas e ideas:

Patrón de disparo

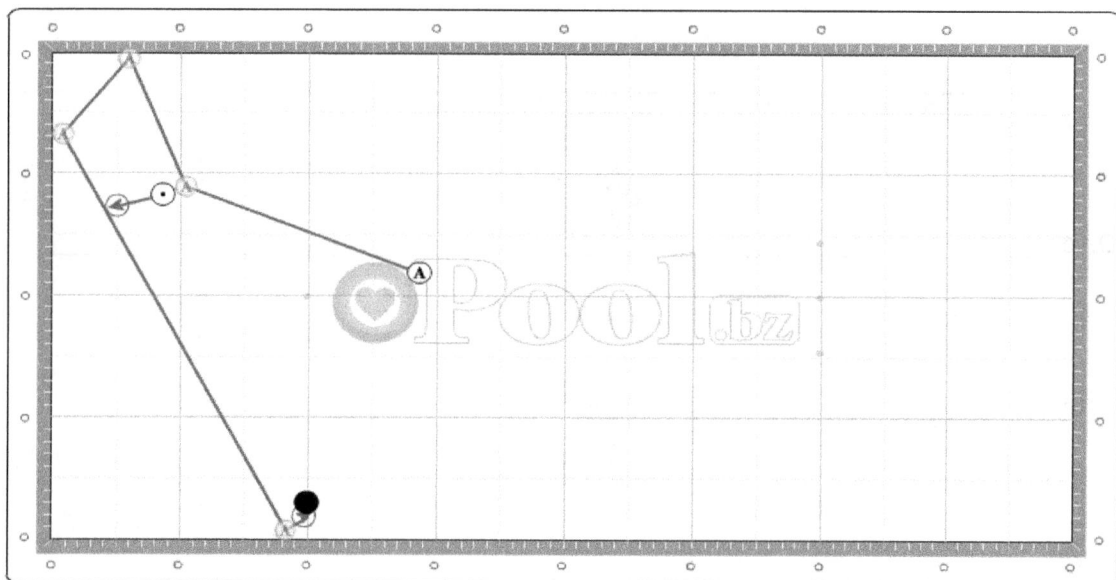

D: Reverso interior

El (CB) sale del primer (OB) con una combinación de giro lateral e inverso.

Ⓐ (CB) (su bola de billar) - ⊙ (OB) (bola de billar oponente) - ● (OB) (bola de billar roja)

D: Grupo 1

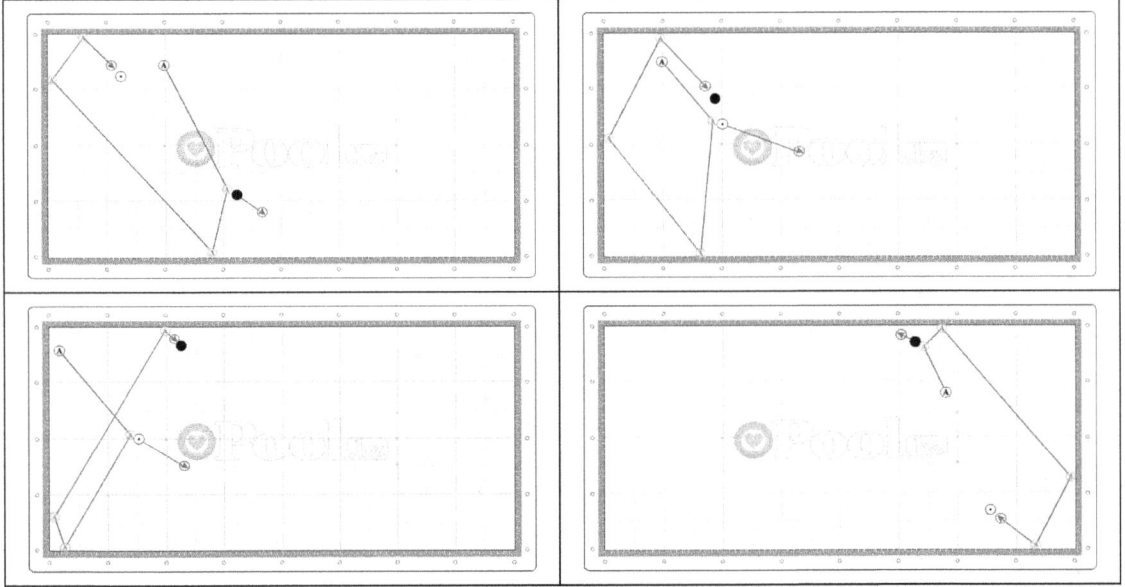

Análisis:

D:1a. _____

D:1b. _____

D:1c. _____

D:1d. _____

D:1a – Preparar

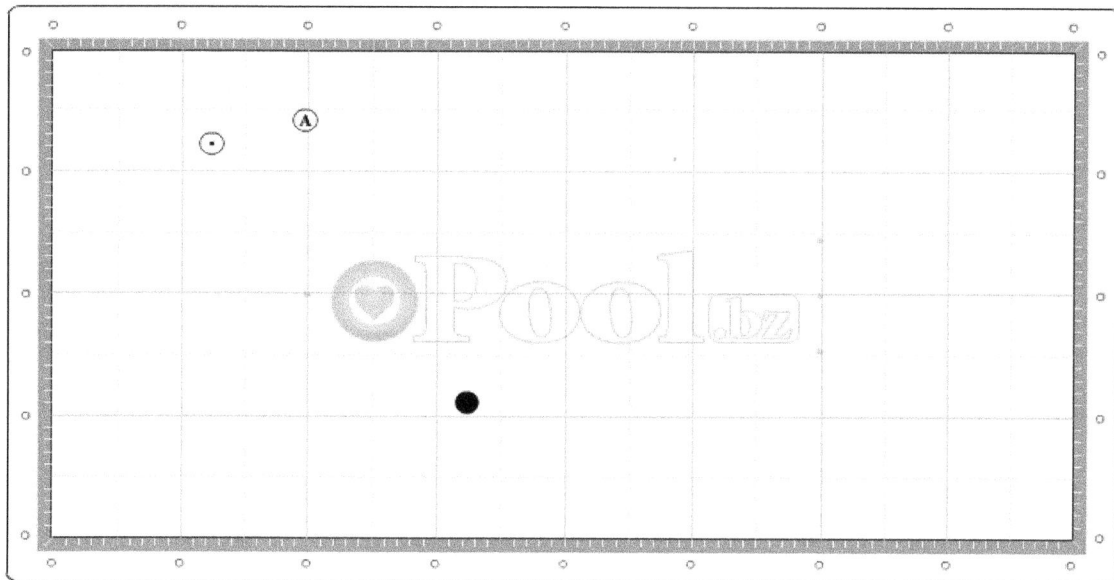

Notas e ideas:

Patrón de disparo

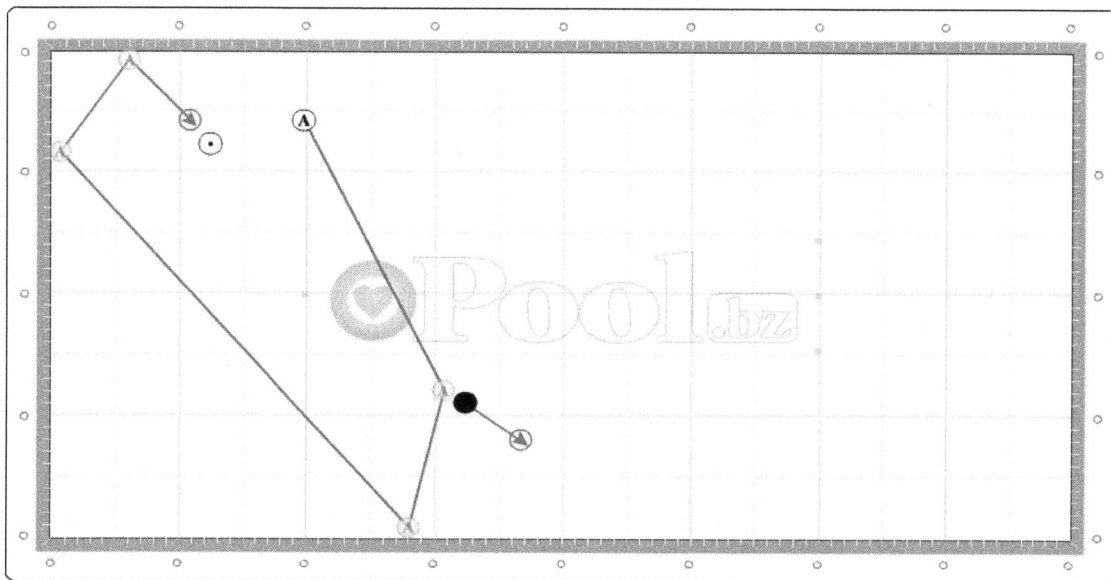

D:1b – Preparar

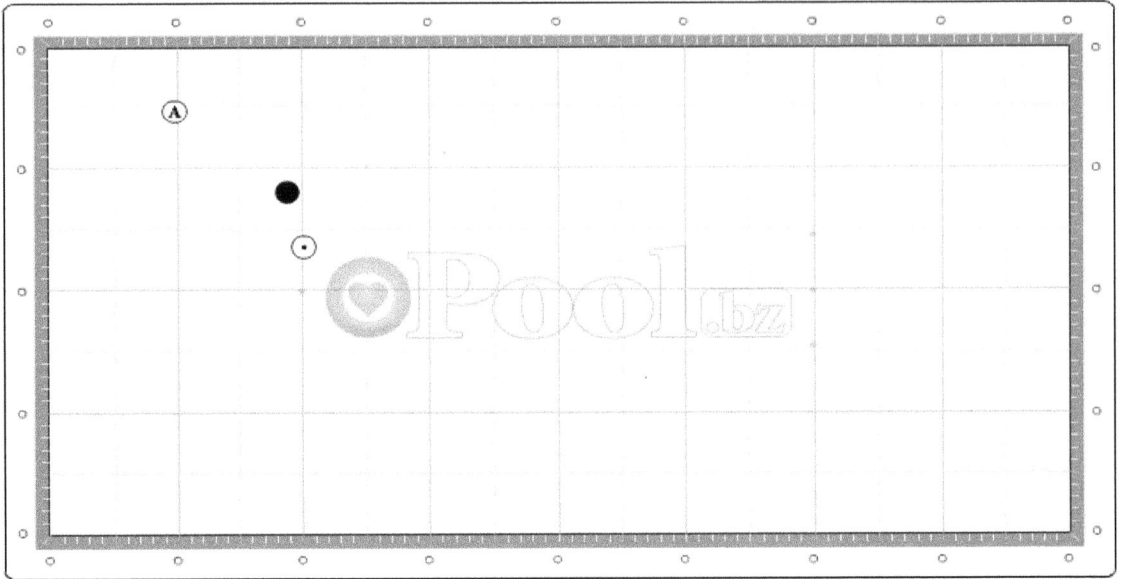

Notas e ideas:

Patrón de disparo

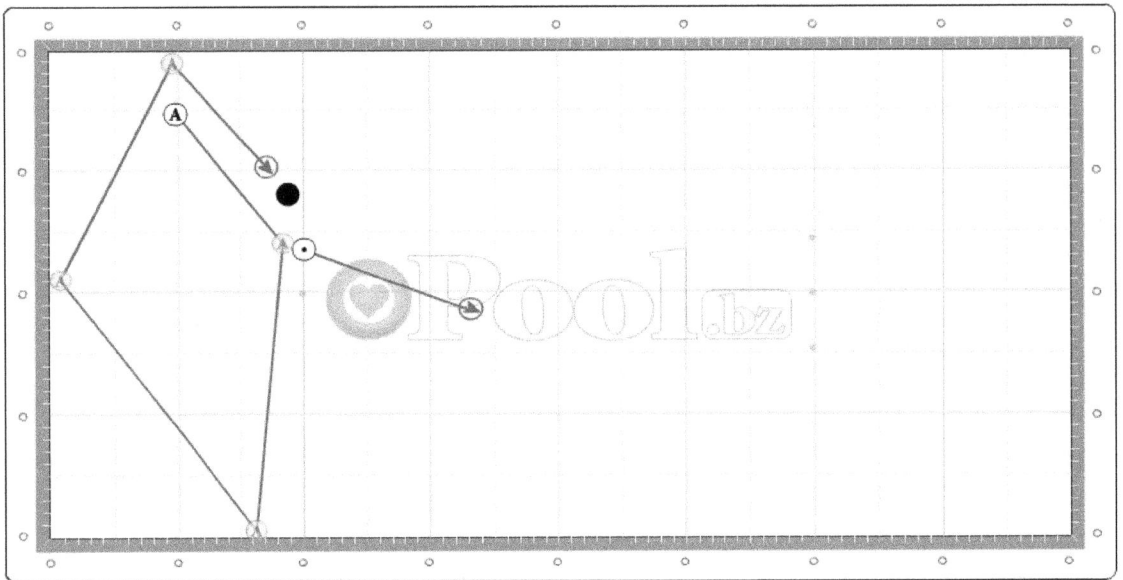

D:1c – Preparar

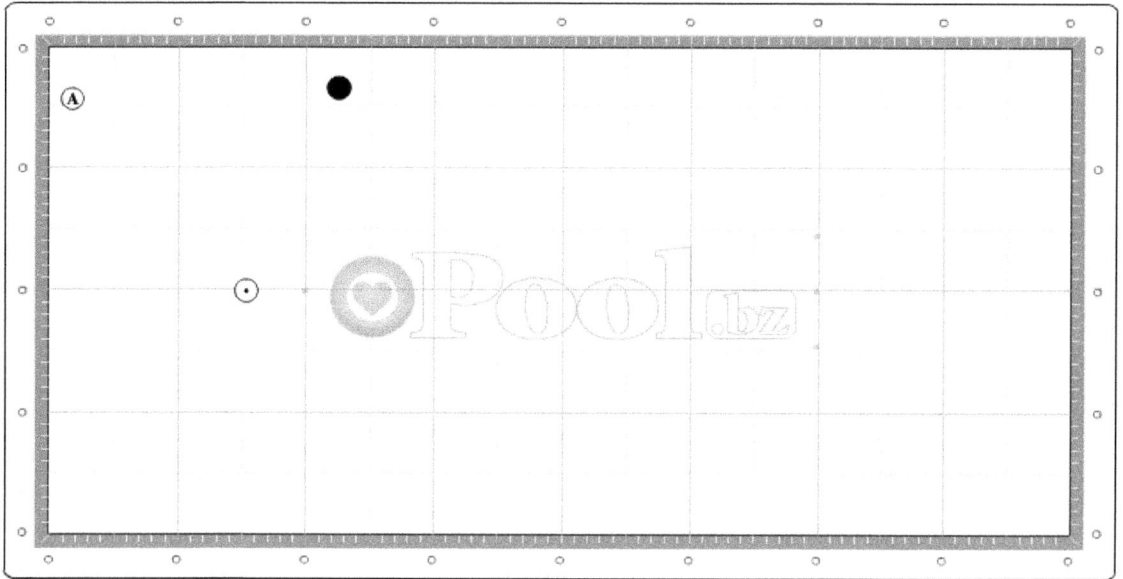

Notas e ideas:

Patrón de disparo

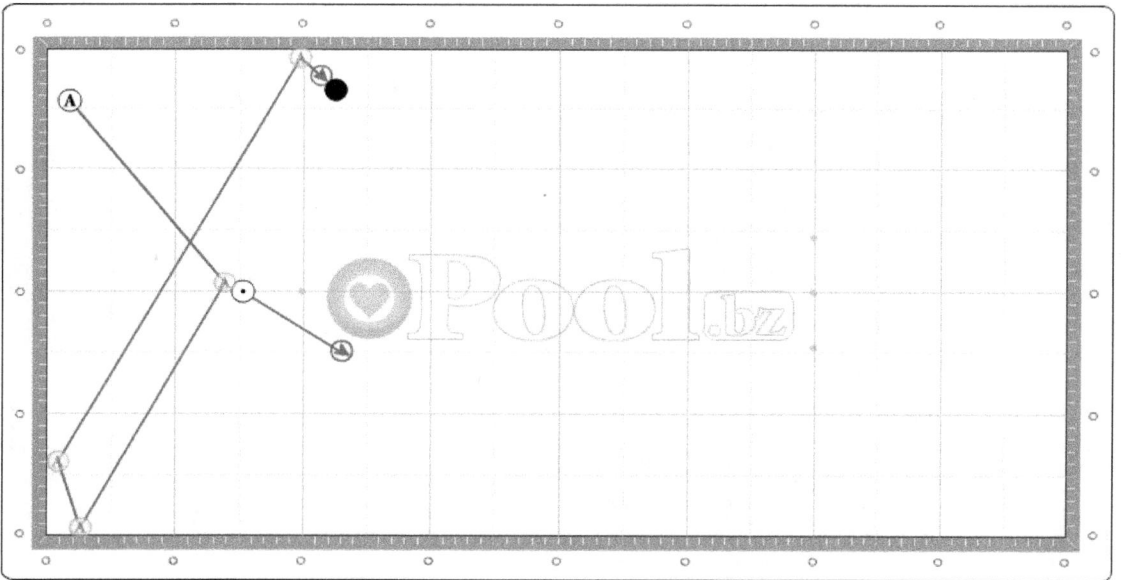

D:1d – Preparar

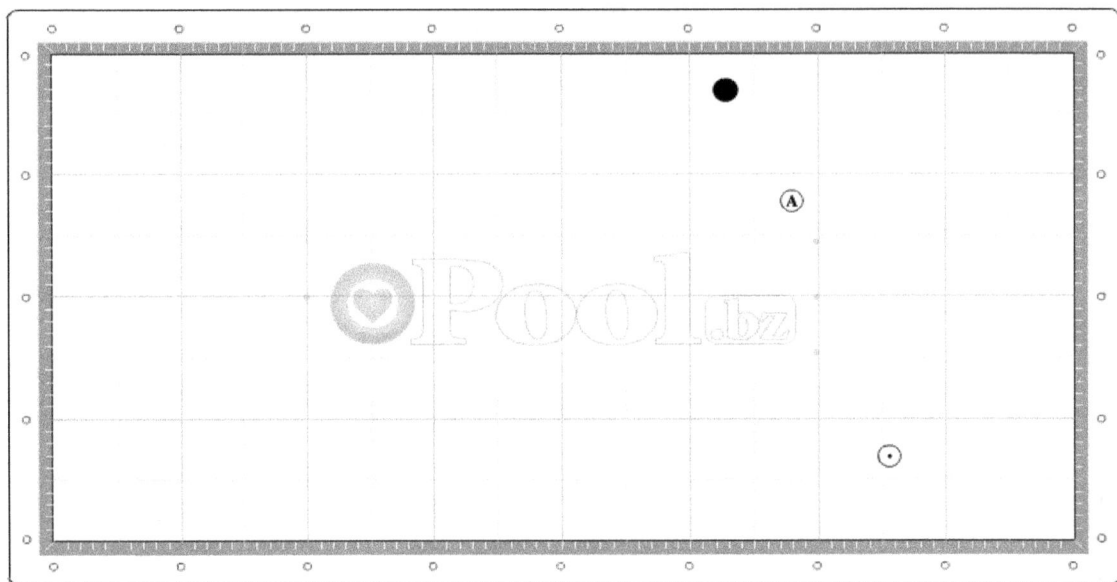

Notas e ideas:

Patrón de disparo

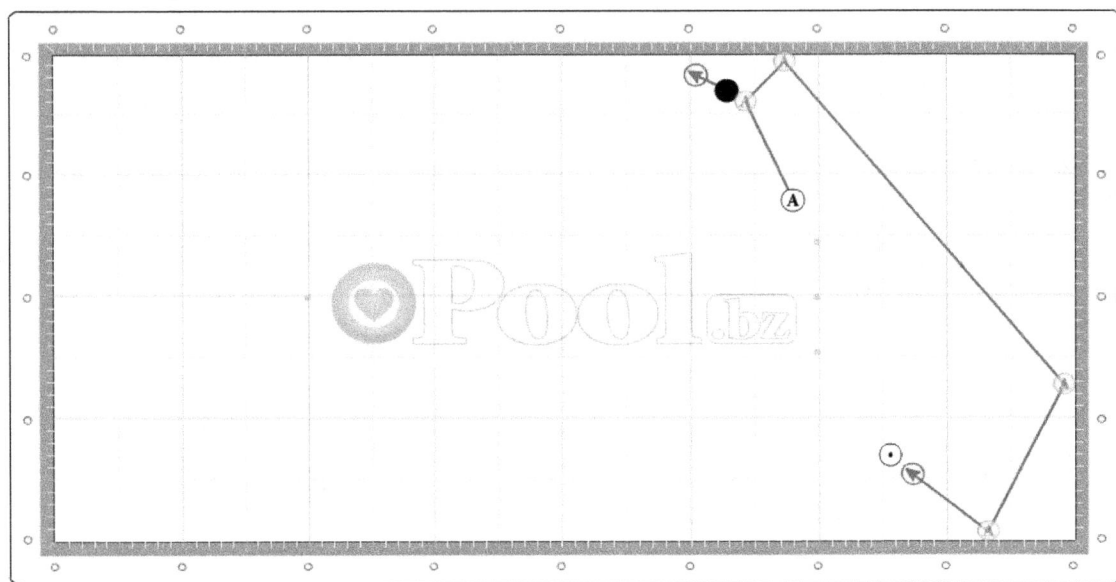

D: Grupo 2

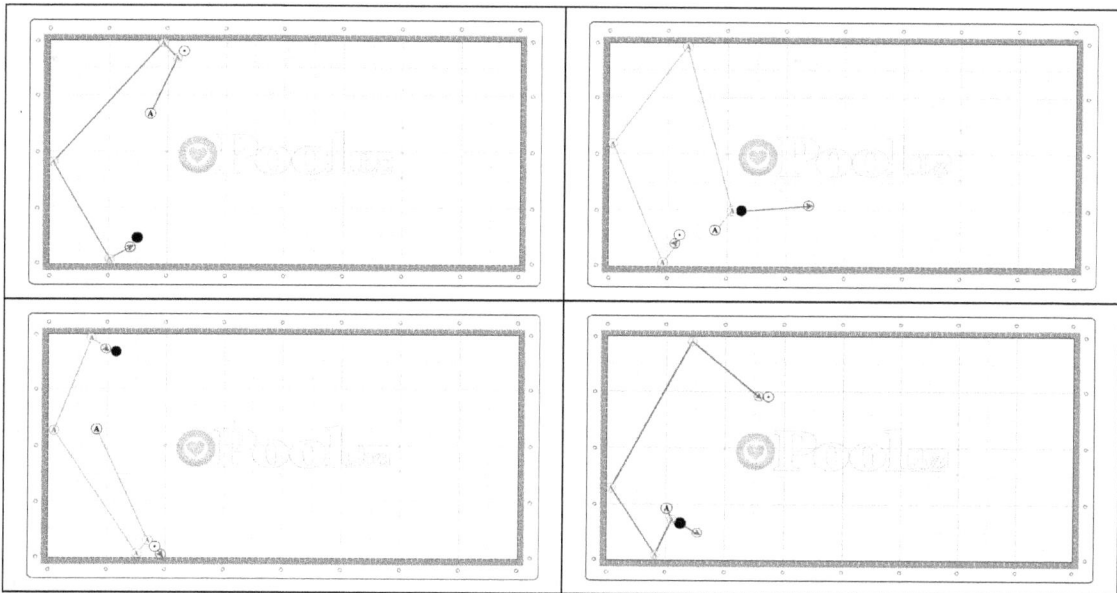

Análisis:

D:2a. _____

D:2b. _____

D:2c. _____

D:2d. _____

D:2a – Preparar

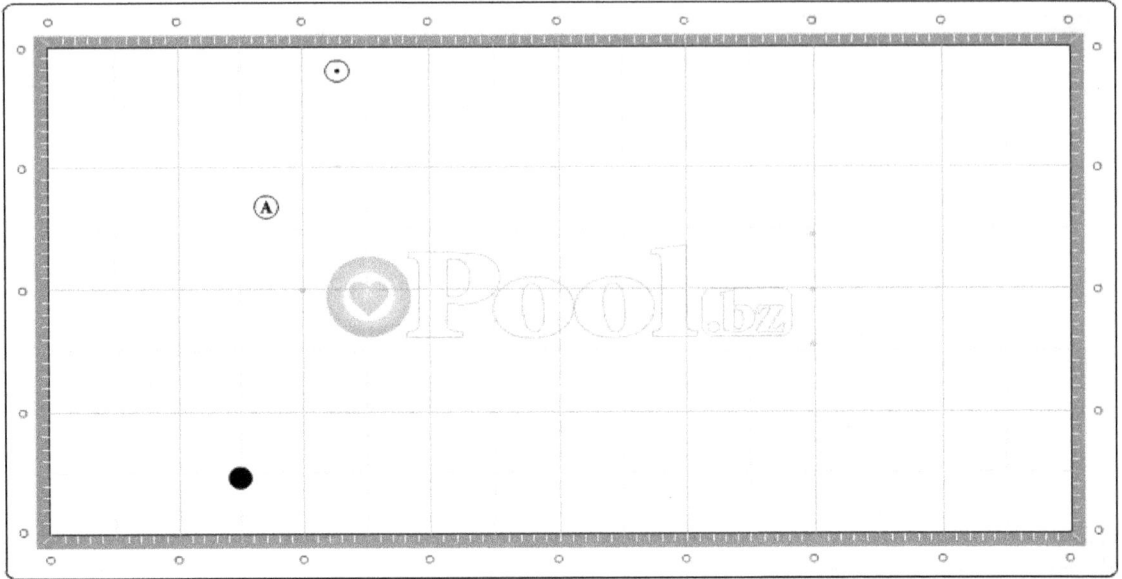

Notas e ideas:

Patrón de disparo

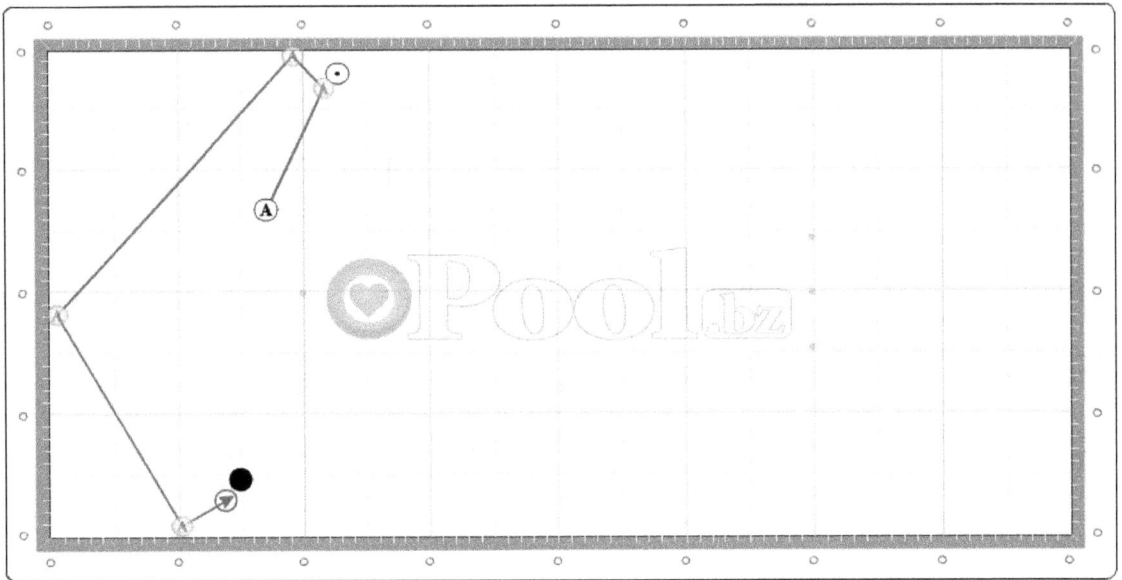

D:2b – Preparar

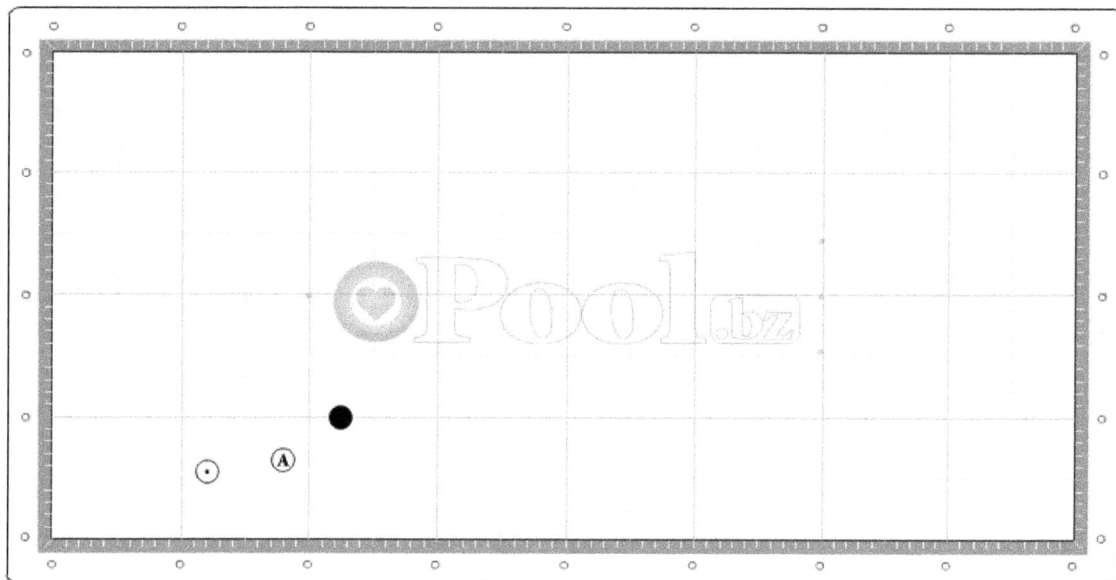

Notas e ideas:

Patrón de disparo

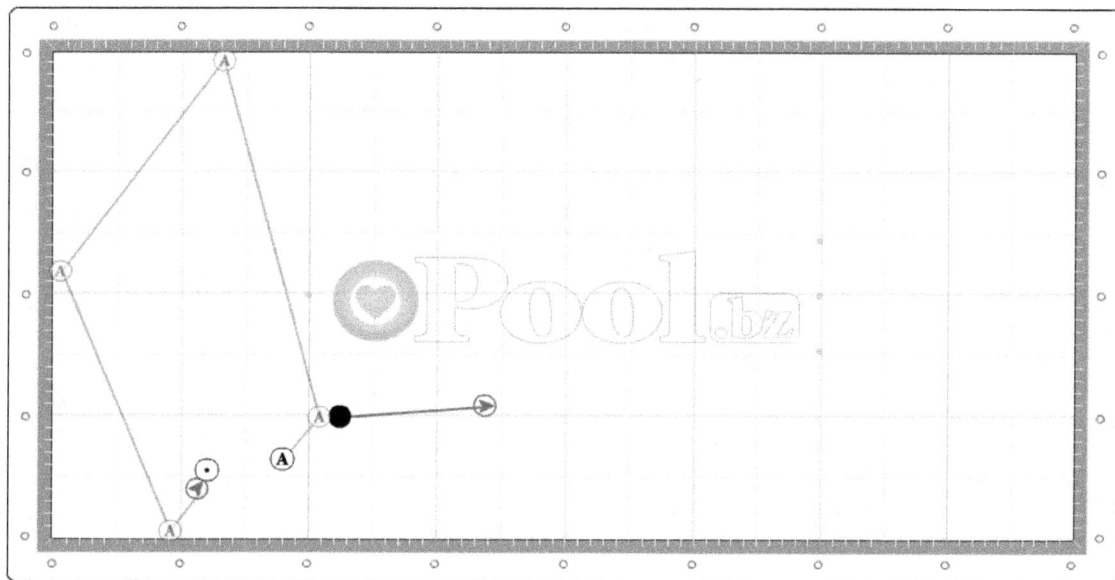

D:2c – Preparar

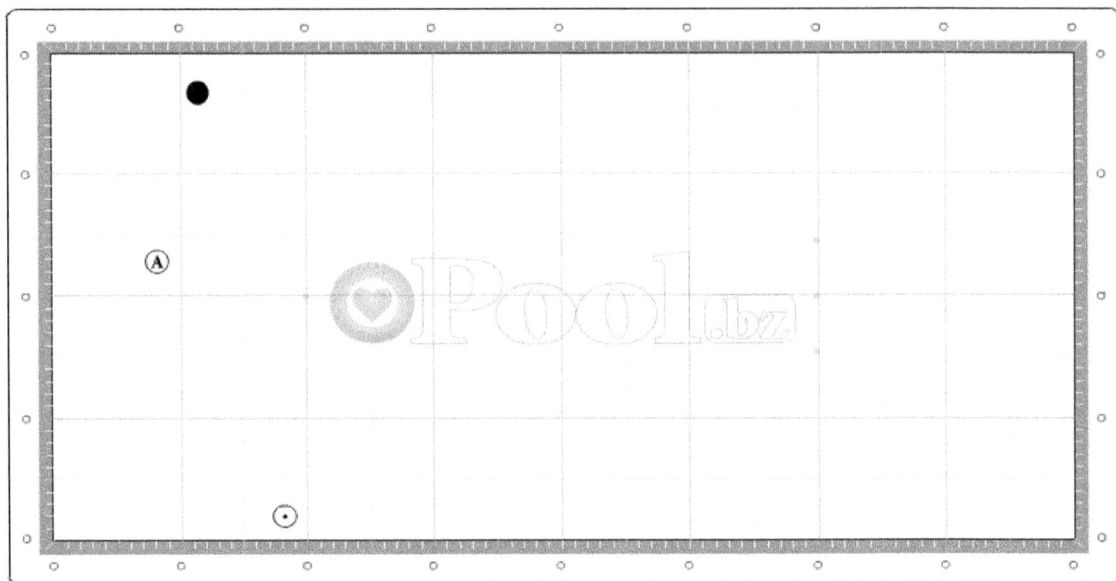

Notas e ideas:

Patrón de disparo

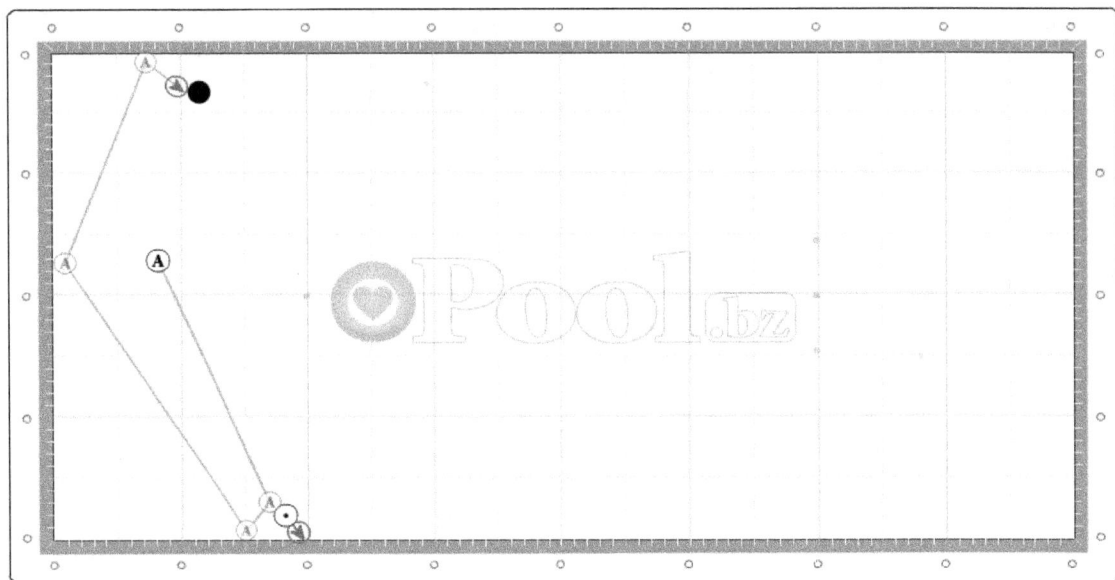

D:2d – Preparar

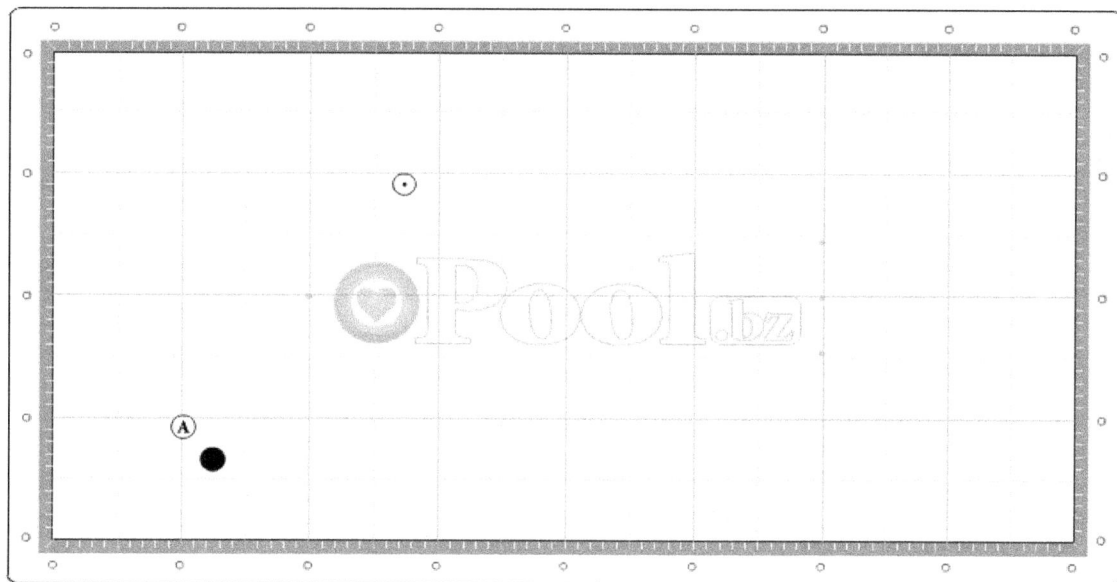

Notas e ideas:

Patrón de disparo

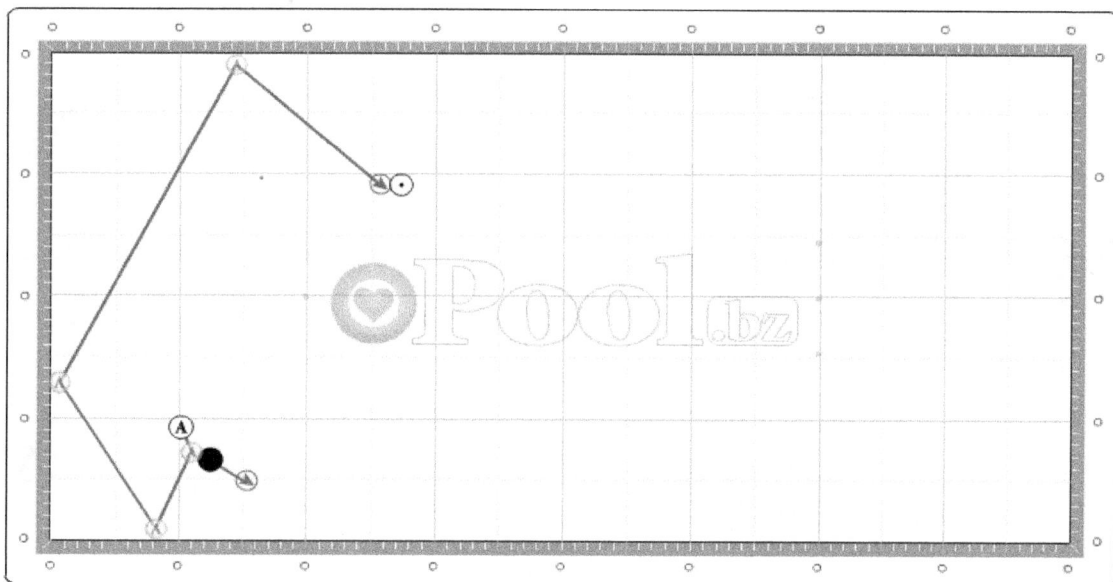

E: Primera pierna (extendida)

El (CB) viaja una larga distancia para llegar al primer (OB).

(A) (CB) (su bola de billar) - (•) (OB) (bola de billar oponente) - ● (OB) (bola de billar roja)

E: Grupo 1

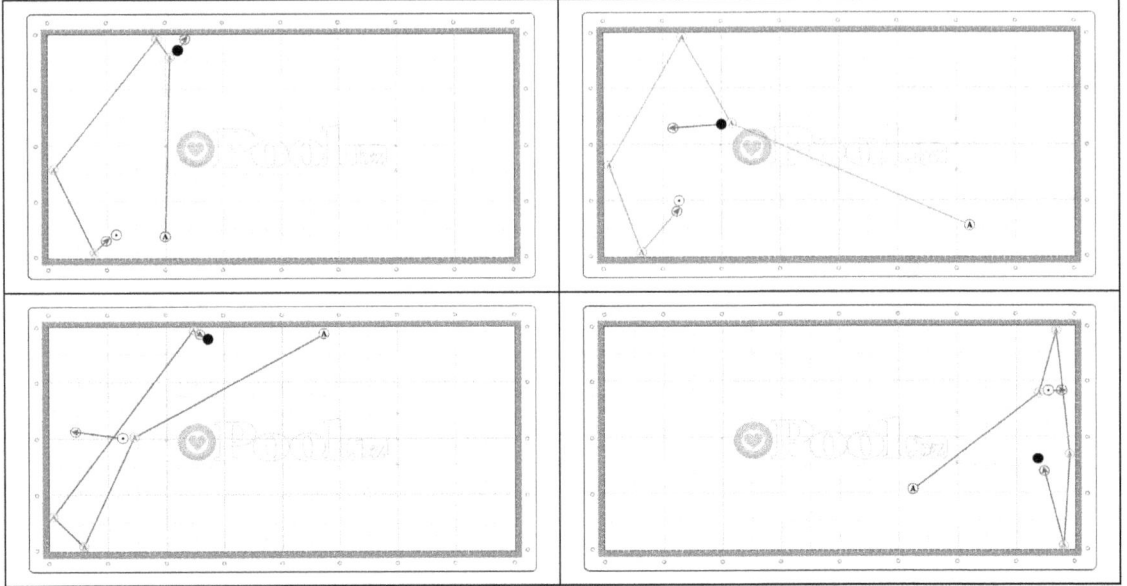

Análisis:

E:1a. _____

E:1b. _____

E:1c. _____

E:1d. _____

E:1a – Preparar

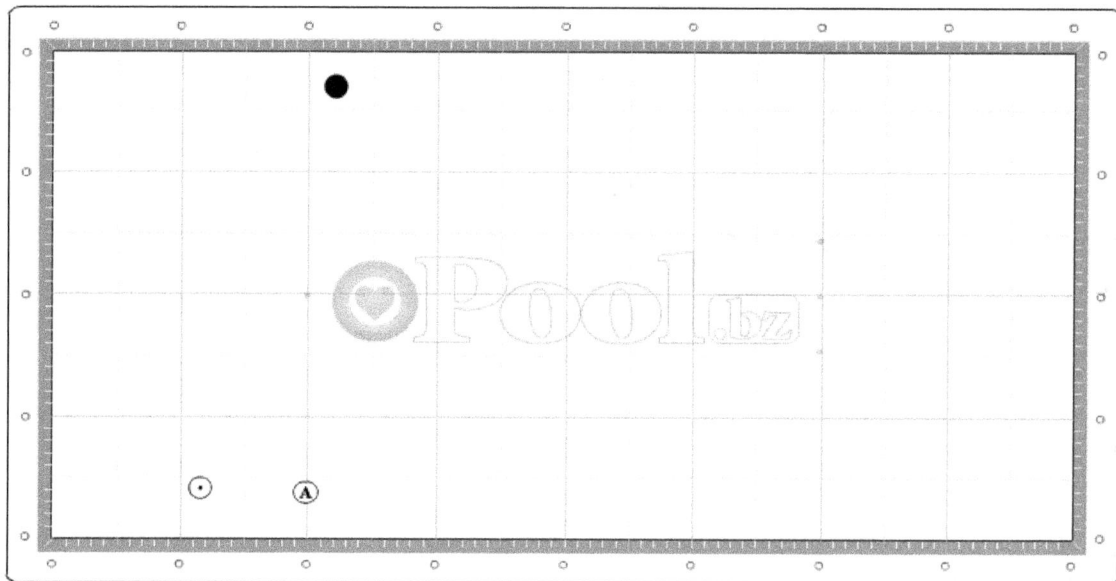

Notas e ideas:

Patrón de disparo

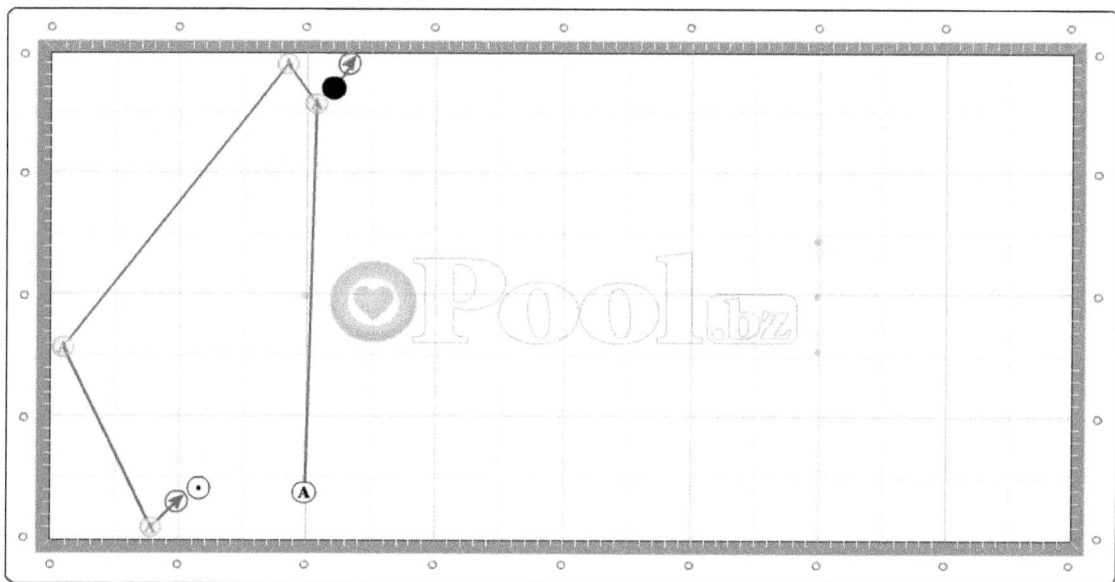

E:1b – Preparar

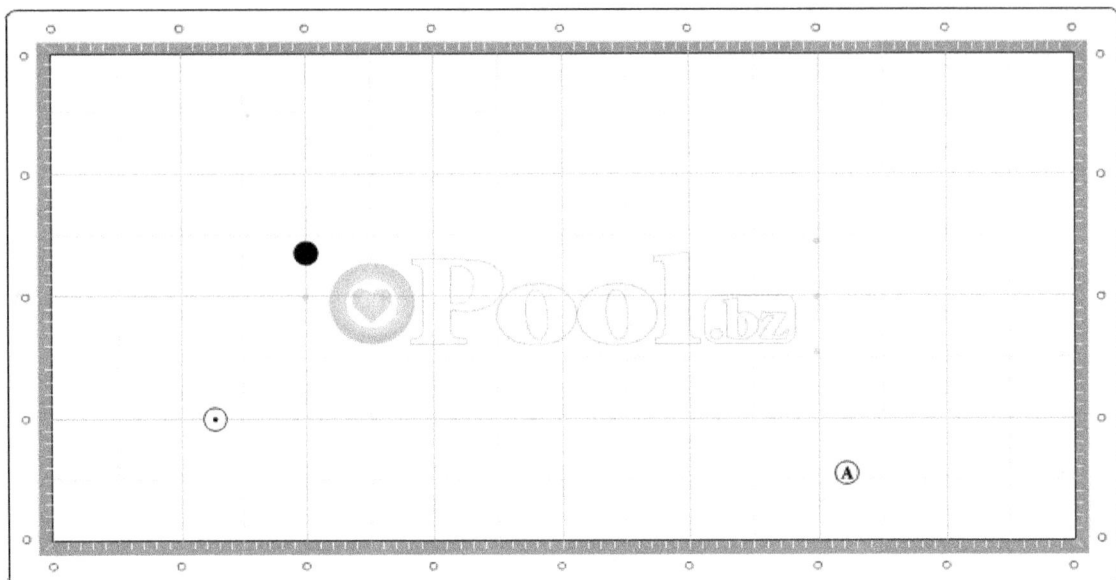

Notas e ideas:

Patrón de disparo

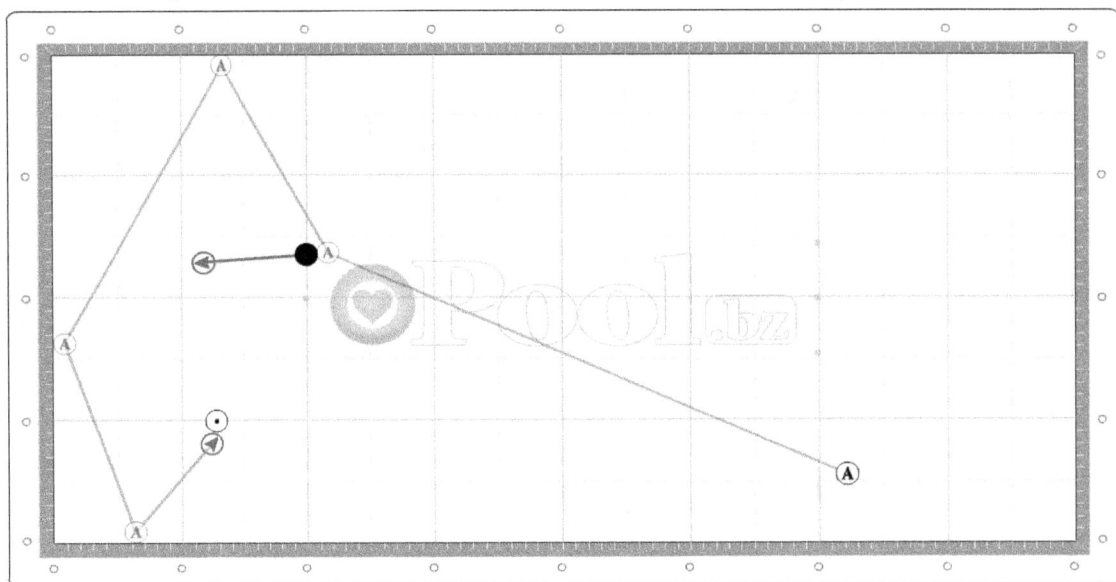

E:1c – Preparar

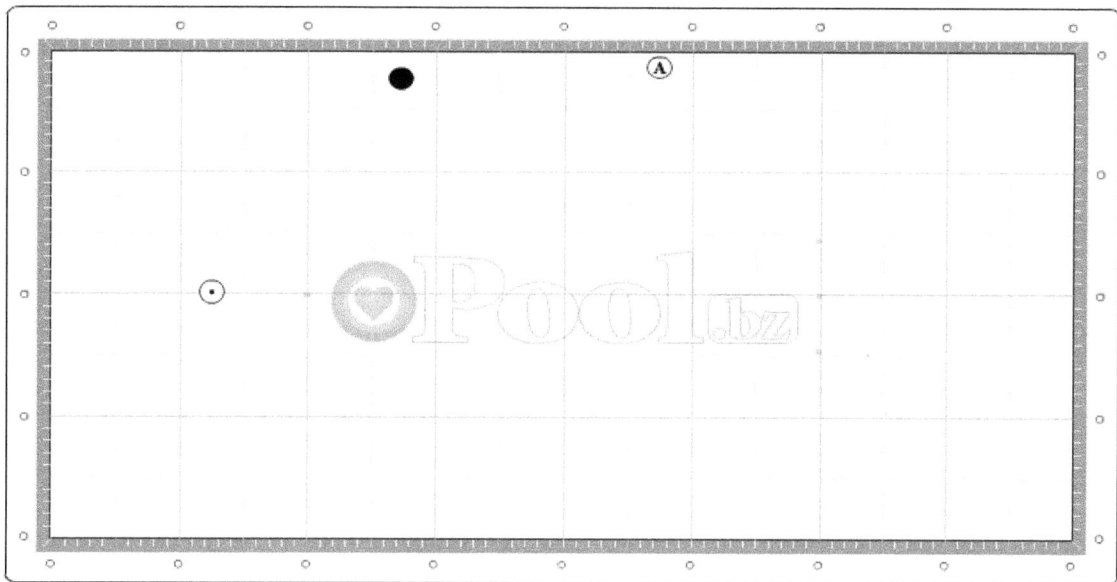

Notas e ideas:

Patrón de disparo

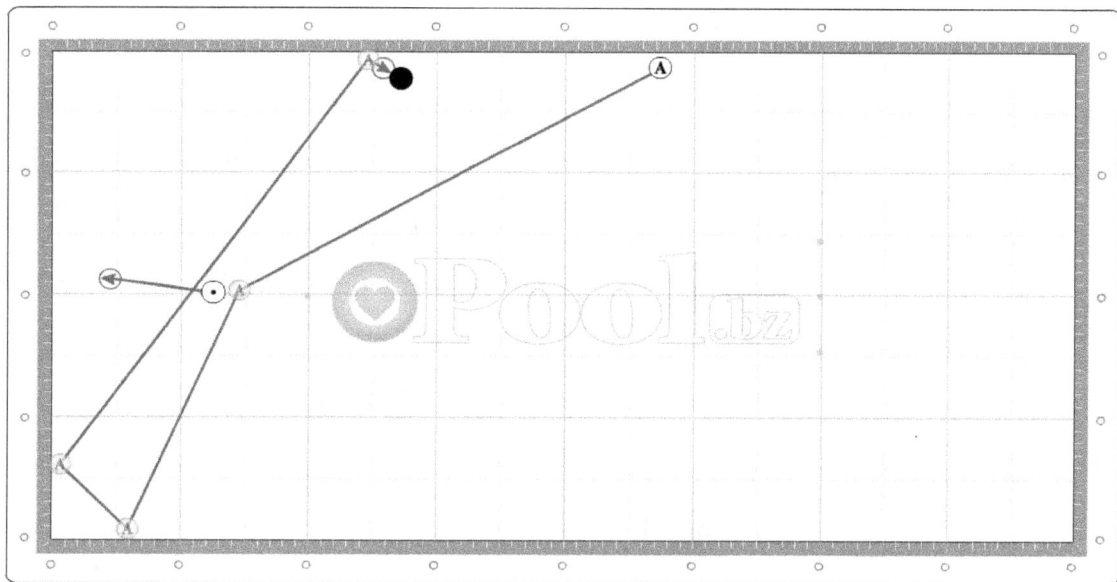

E:1d – Preparar

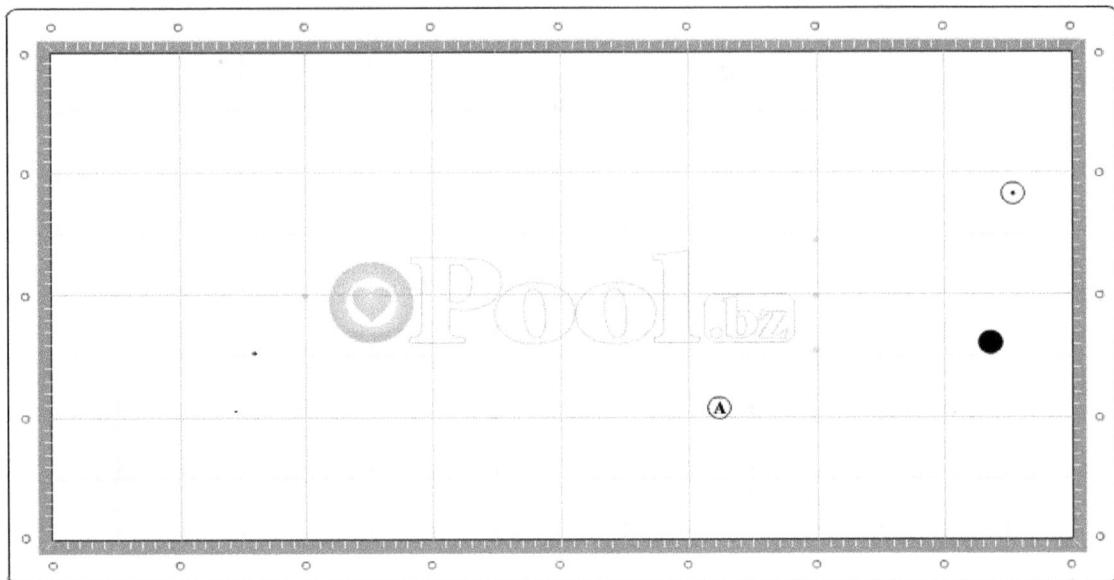

Notas e ideas:

Patrón de disparo

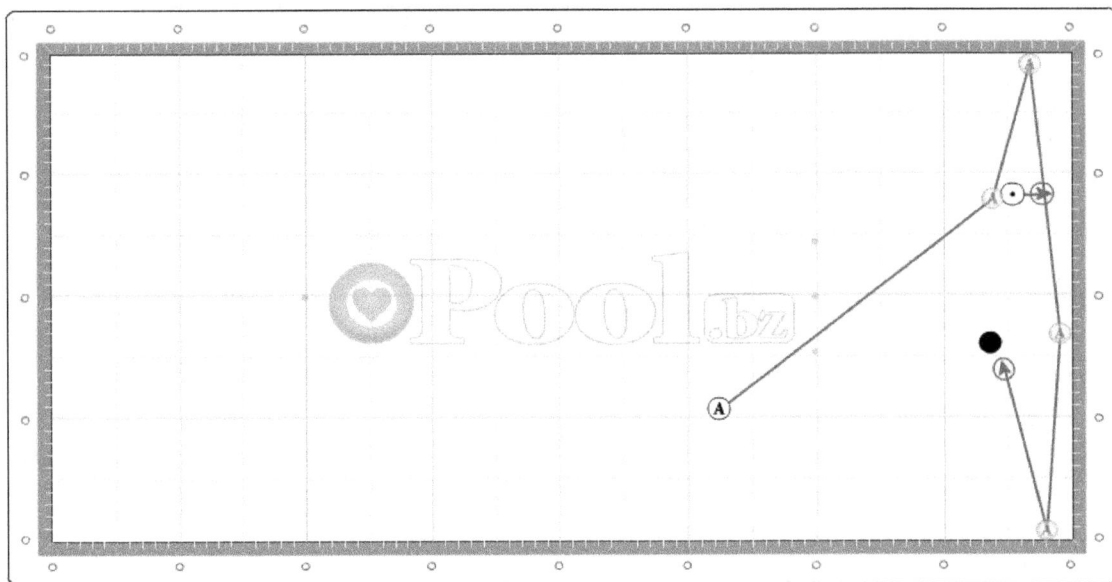

E: Grupo 2

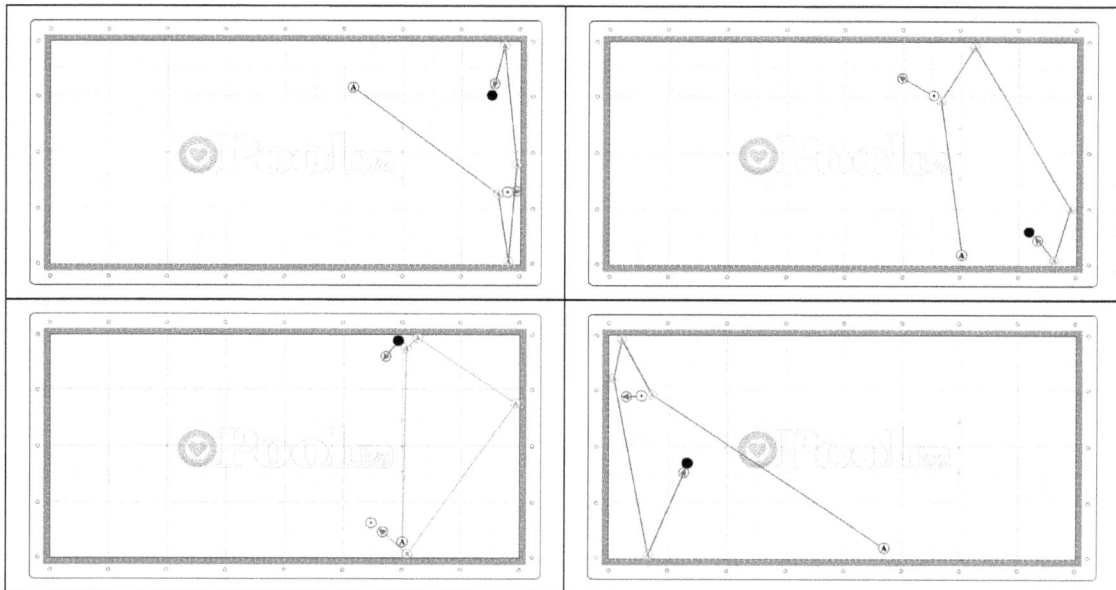

Análisis:

E:2a. _____

E:2b. _____

E:2c. _____

E:2d. _____

E:2a – Preparar

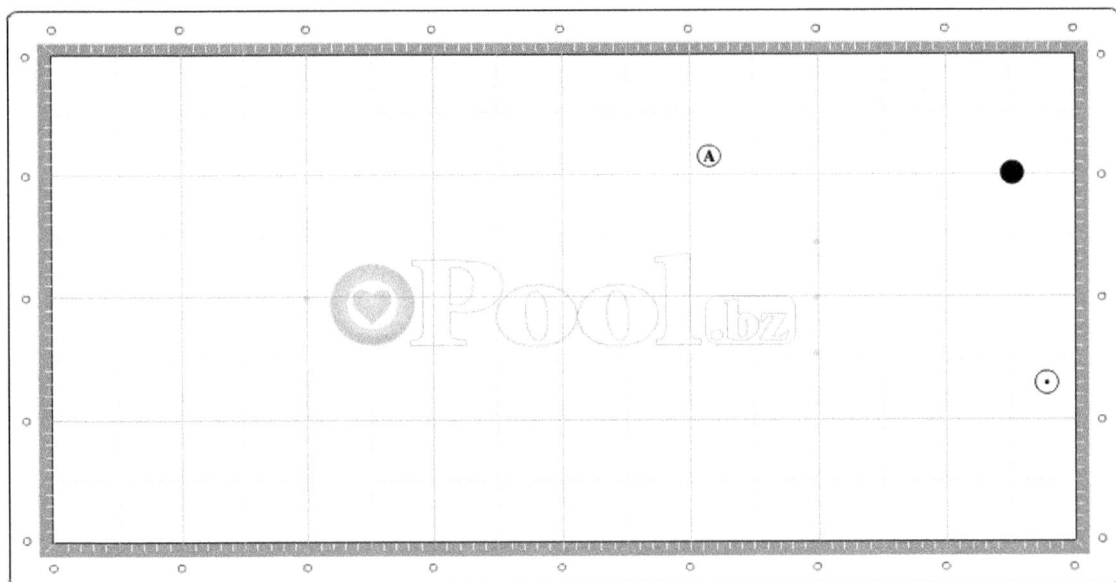

Notas e ideas:

Patrón de disparo

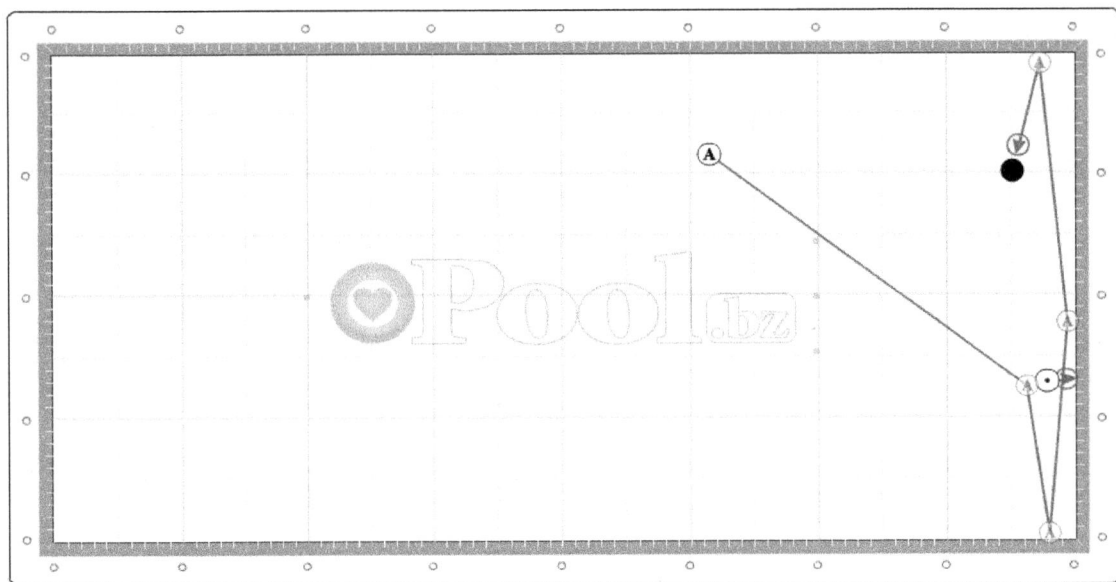

E:2b – Preparar

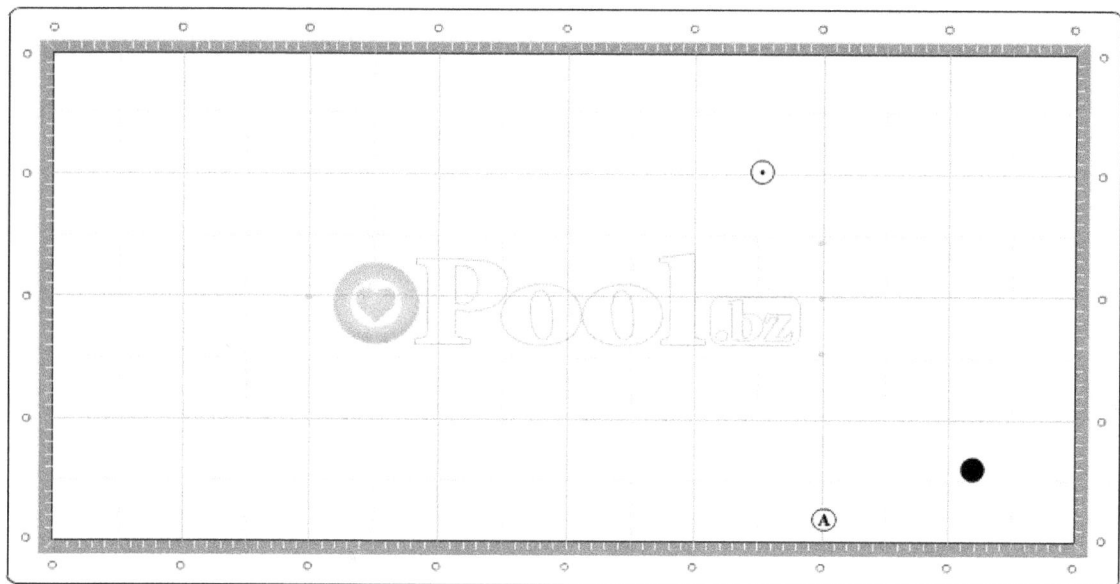

Notas e ideas:

Patrón de disparo

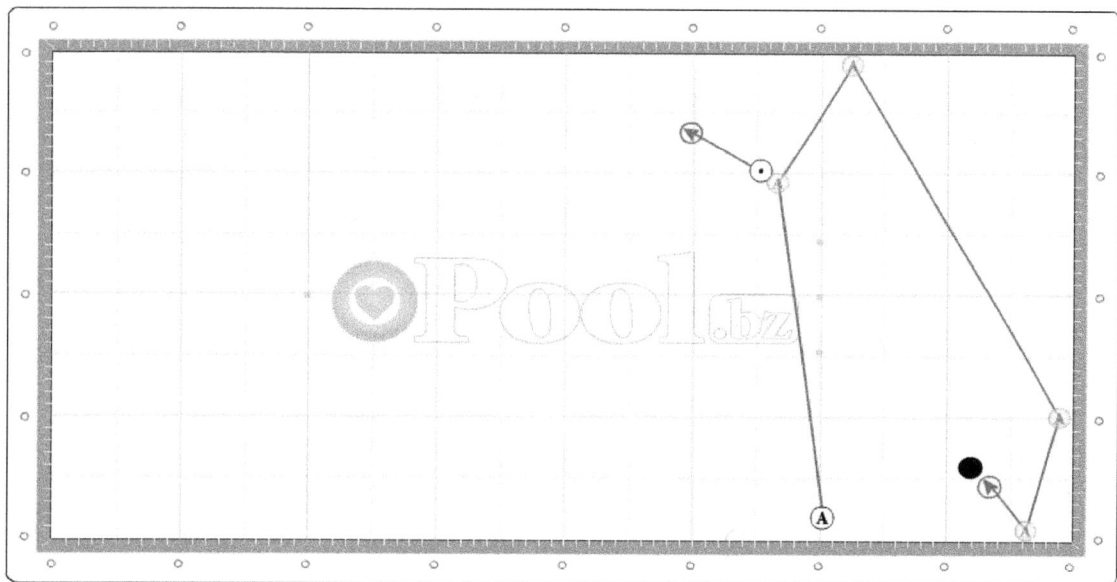

E:2c – Preparar

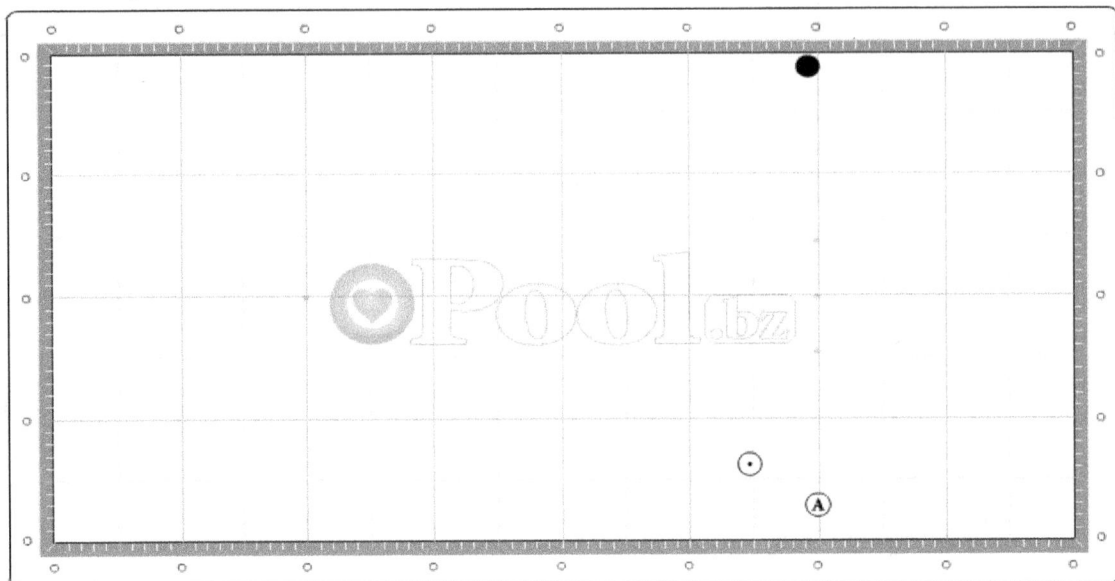

Notas e ideas:

Patrón de disparo

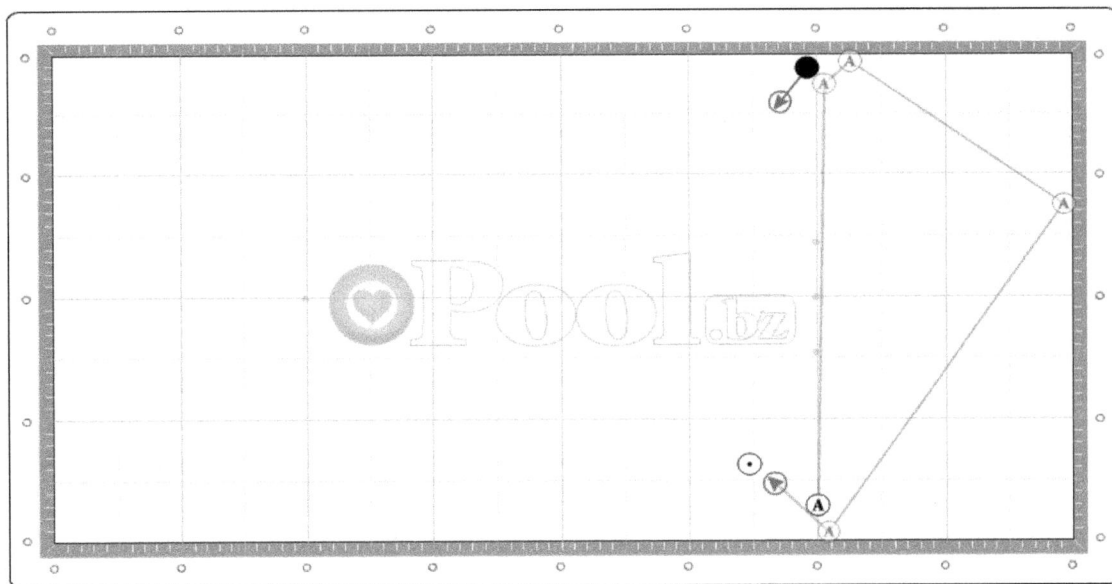

E:2d – Preparar

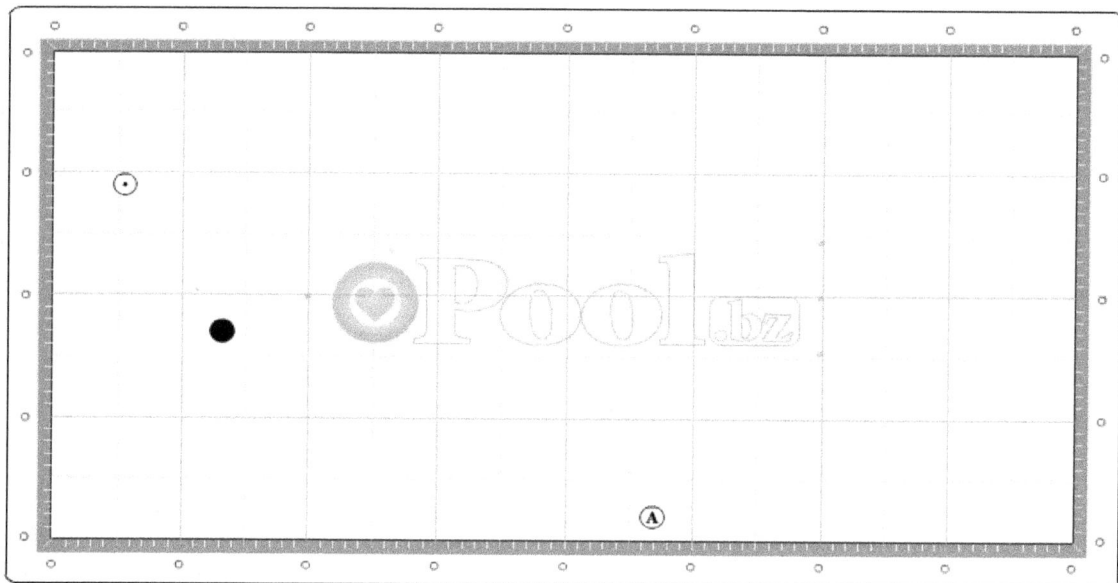

Notas e ideas:

Patrón de disparo

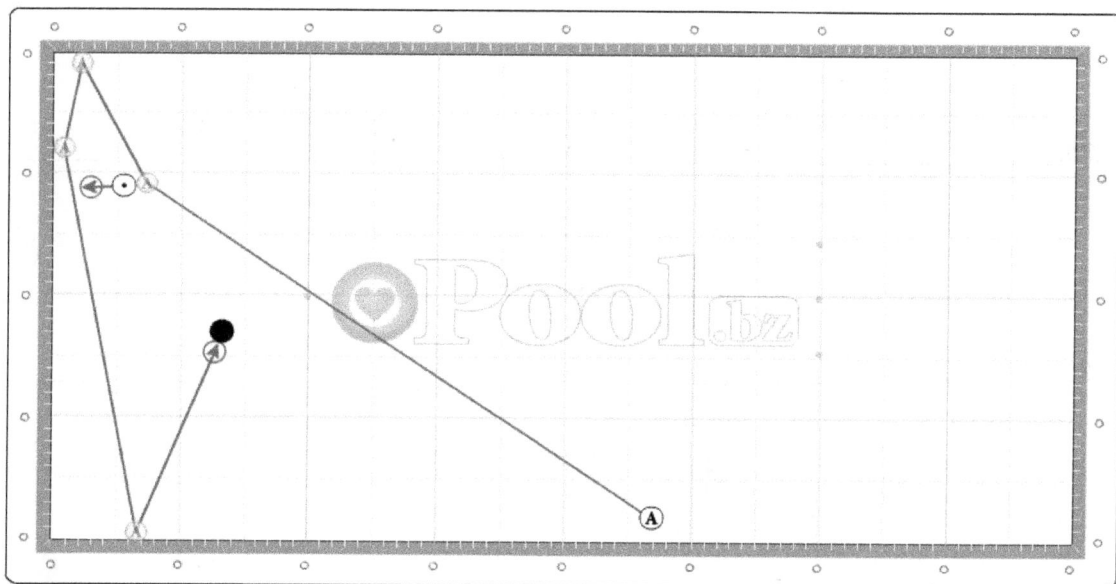

E: Grupo 3

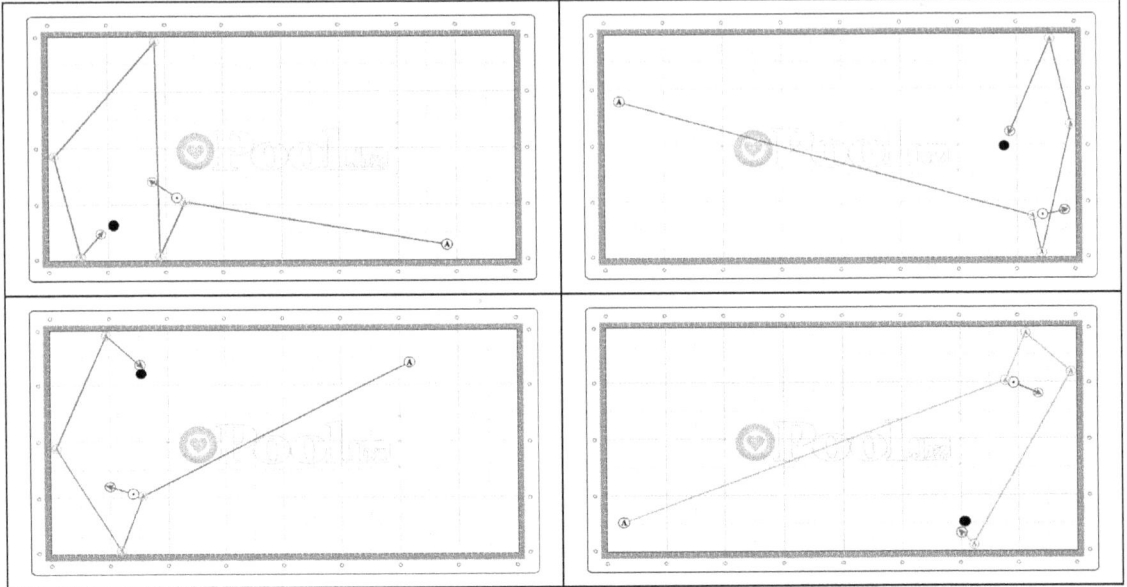

Análisis:

E:3a. _____

E:3b. _____

E:3c. _____

E:3d. _____

E:3a – Preparar

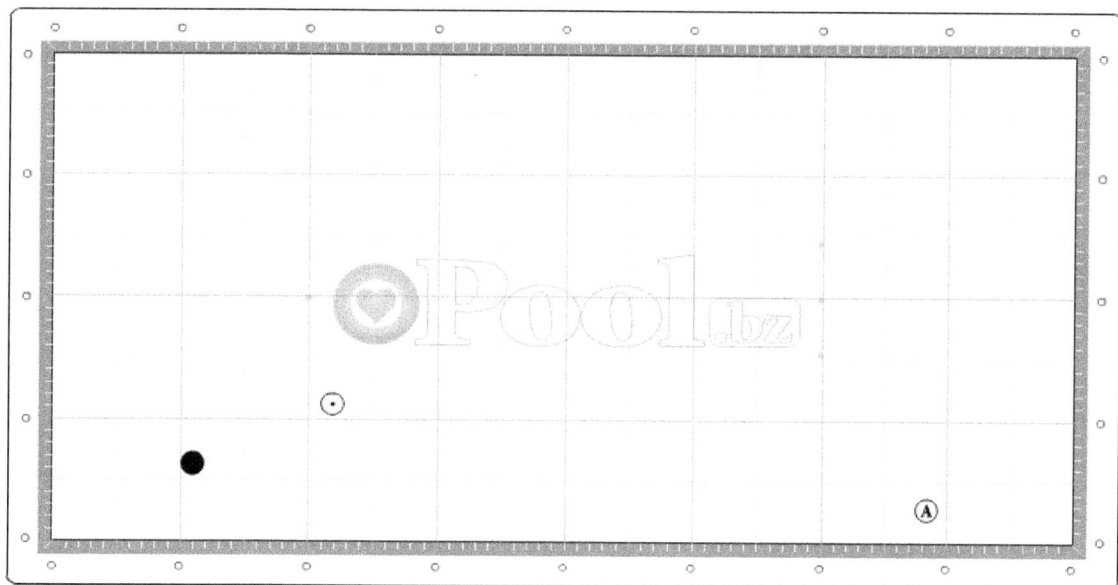

Notas e ideas:

Patrón de disparo

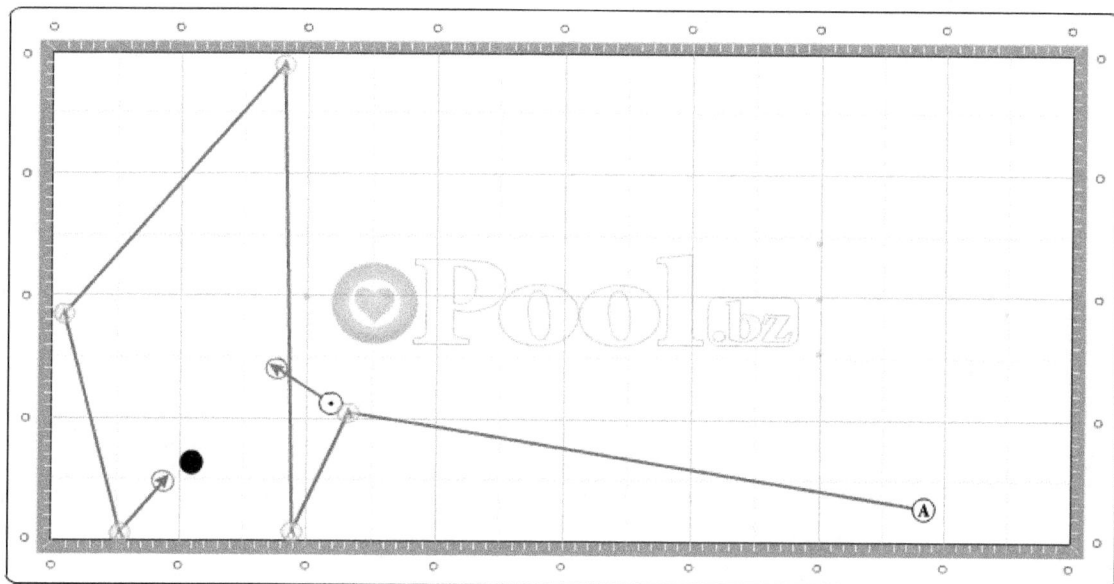

E:3b – Preparar

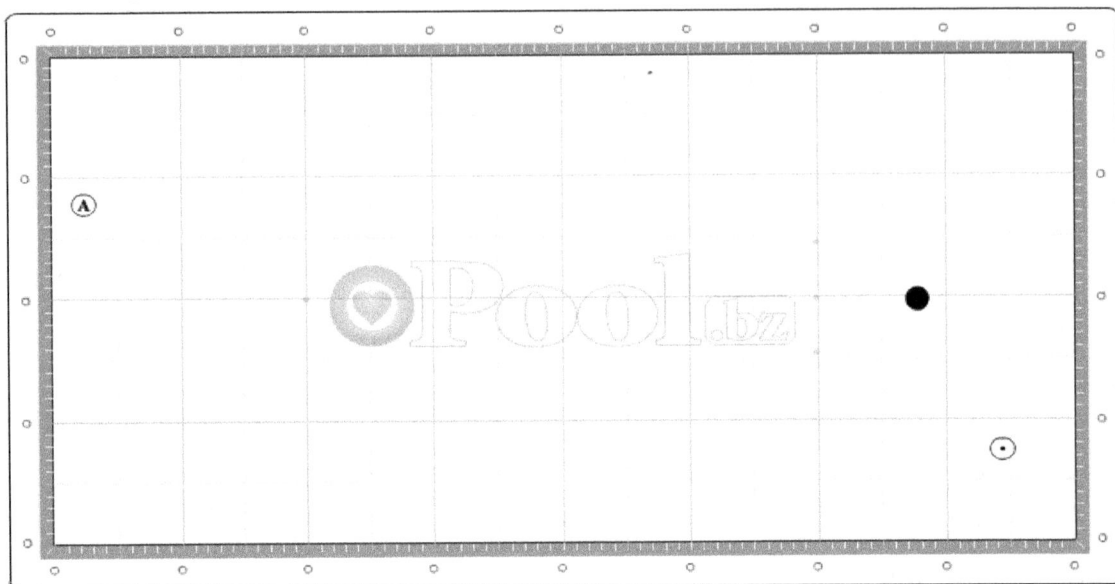

Notas e ideas:

Patrón de disparo

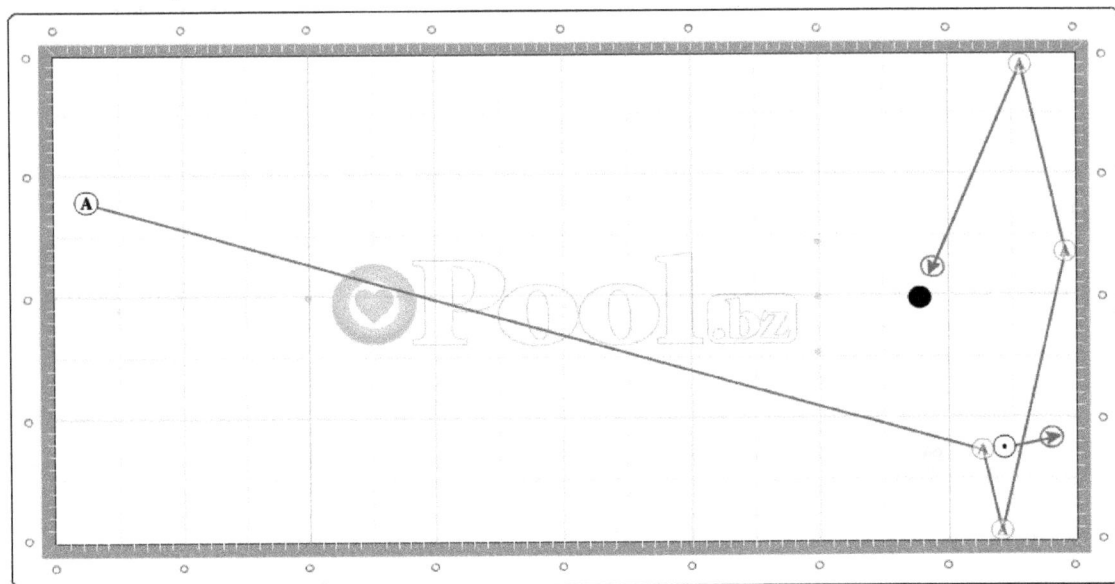

E:3c – Preparar

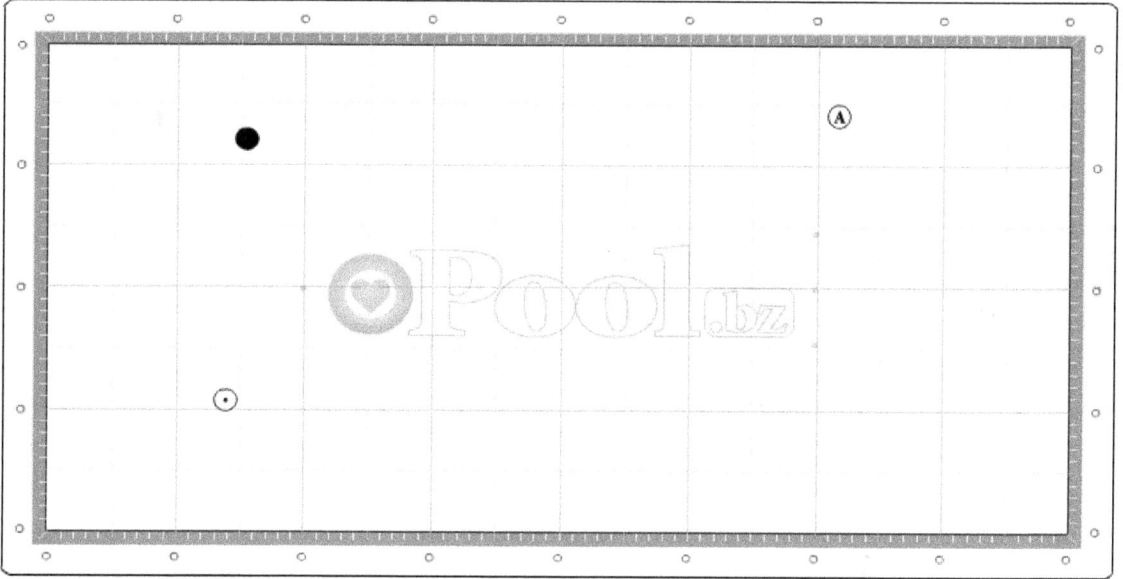

Notas e ideas:

Patrón de disparo

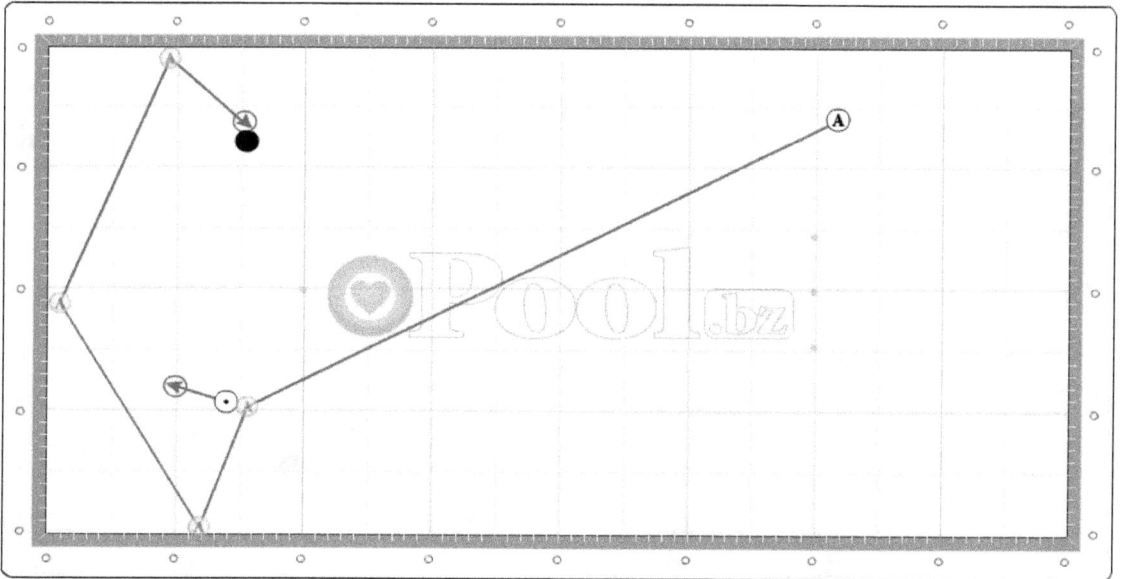

E:3d – Preparar

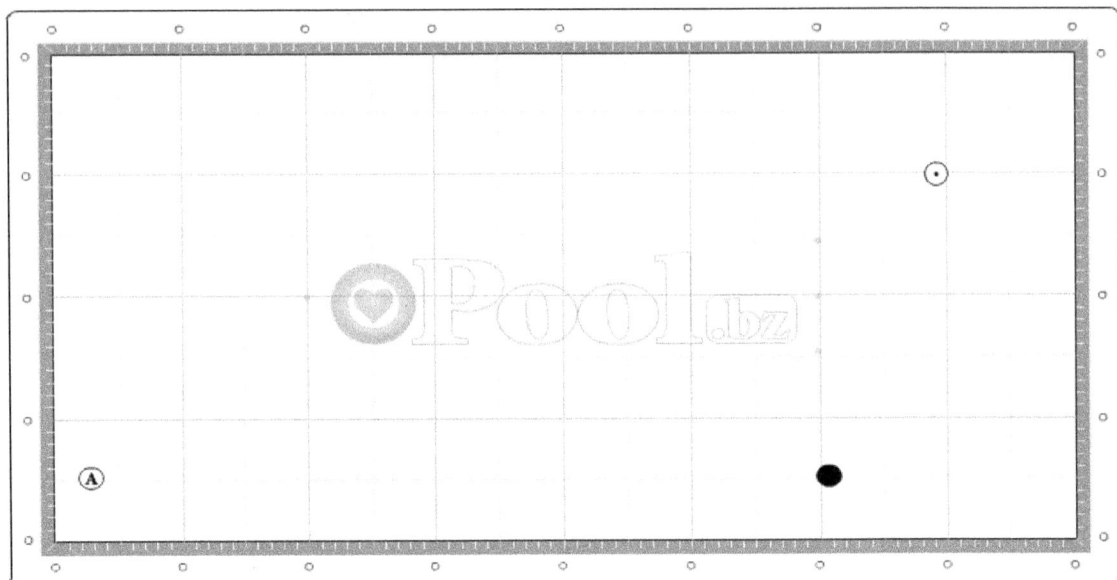

Notas e ideas:

Patrón de disparo

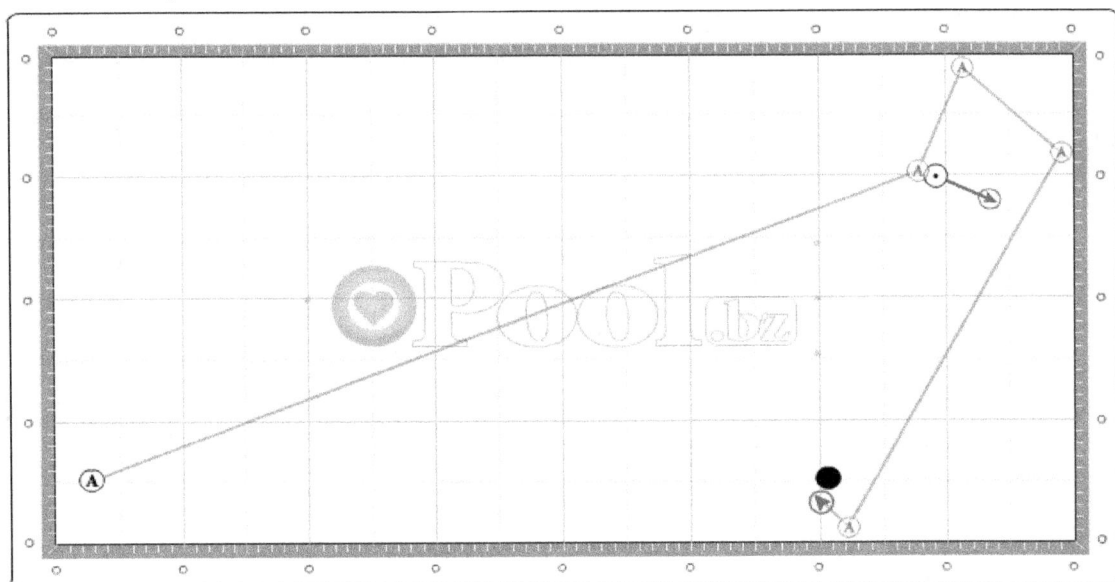

F: Tercera pierna (extendida)

Después de que (CB) sale de la primera (OB), entra en el bando largo. Va hacia el bando corto y el bando largo, y luego viaja una larga distancia hacia el otro (OB).

Ⓐ (CB) (su bola de billar) - ⊙ (OB) (bola de billar oponente) - ⬤ (OB) (bola de billar roja)

F: Grupo 1

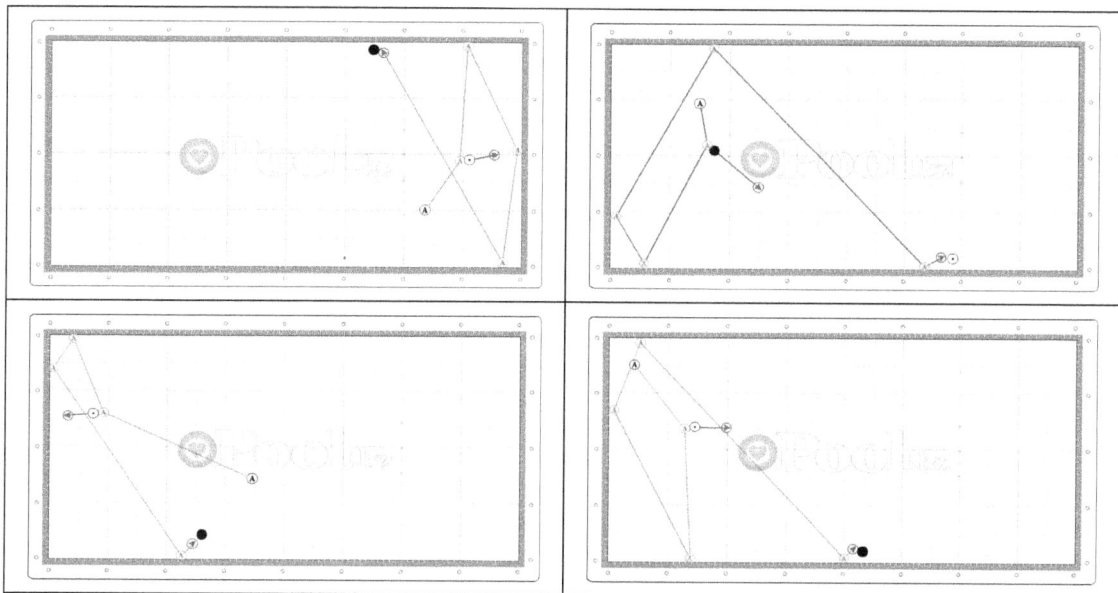

Análisis:

F:1a. _____

F:1b. _____

F:1c. _____

F:1d. _____

F:1a – Preparar

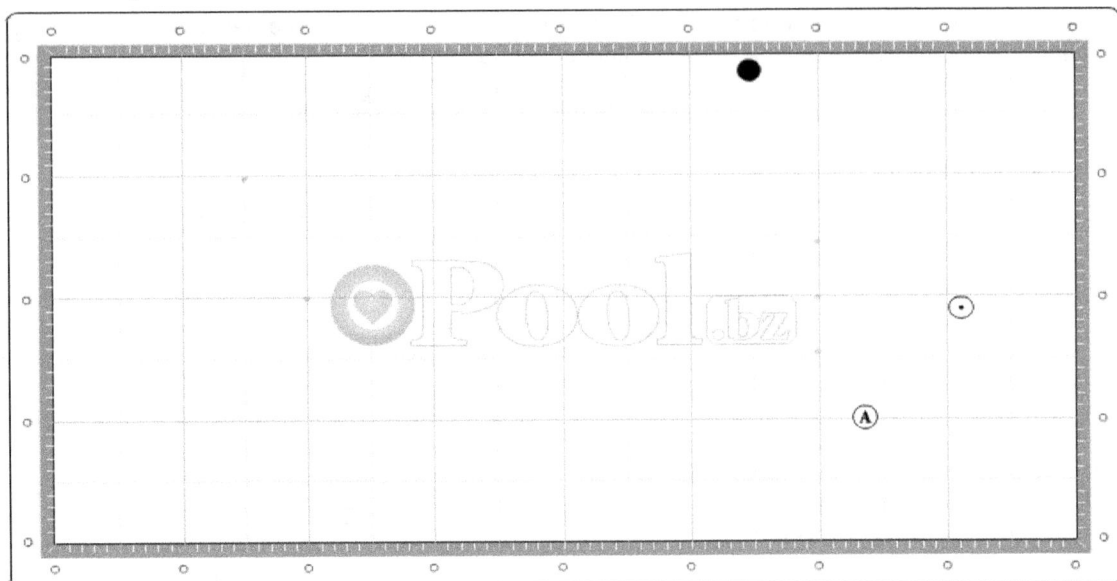

Notas e ideas:

Patrón de disparo

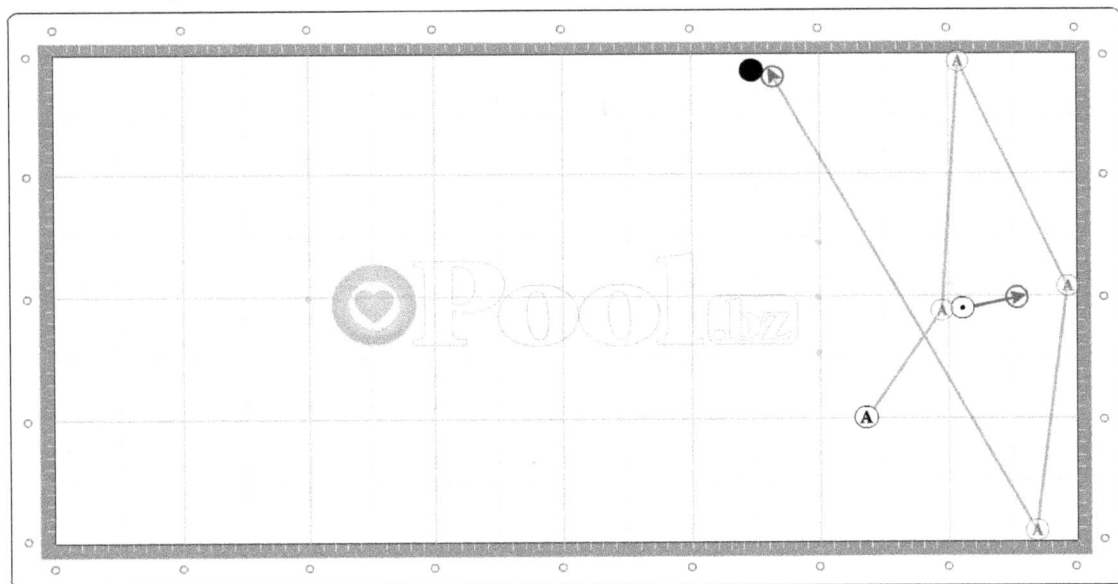

F:1b – Preparar

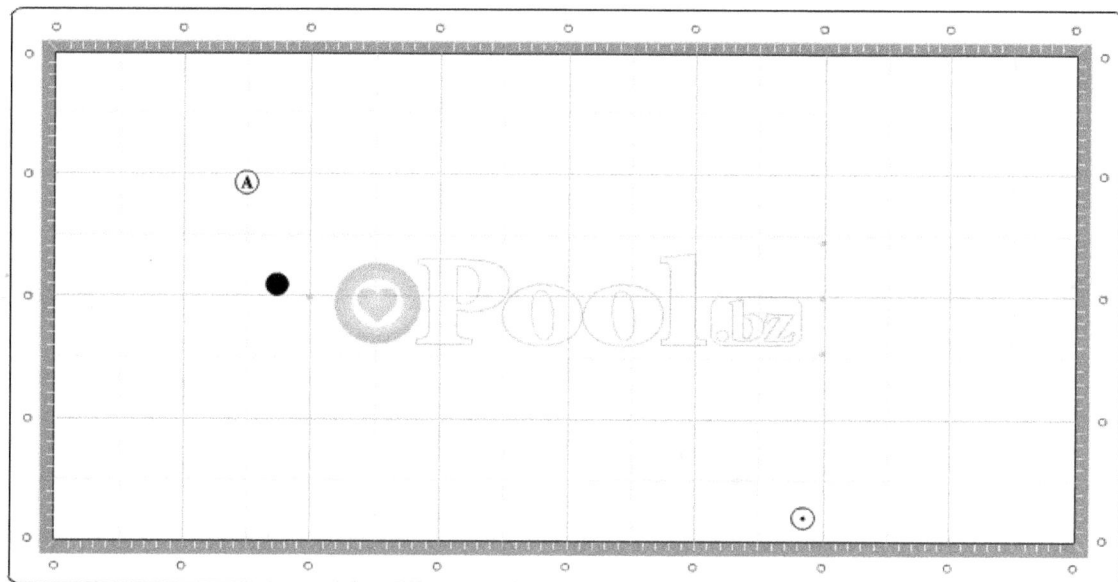

Notas e ideas:

Patrón de disparo

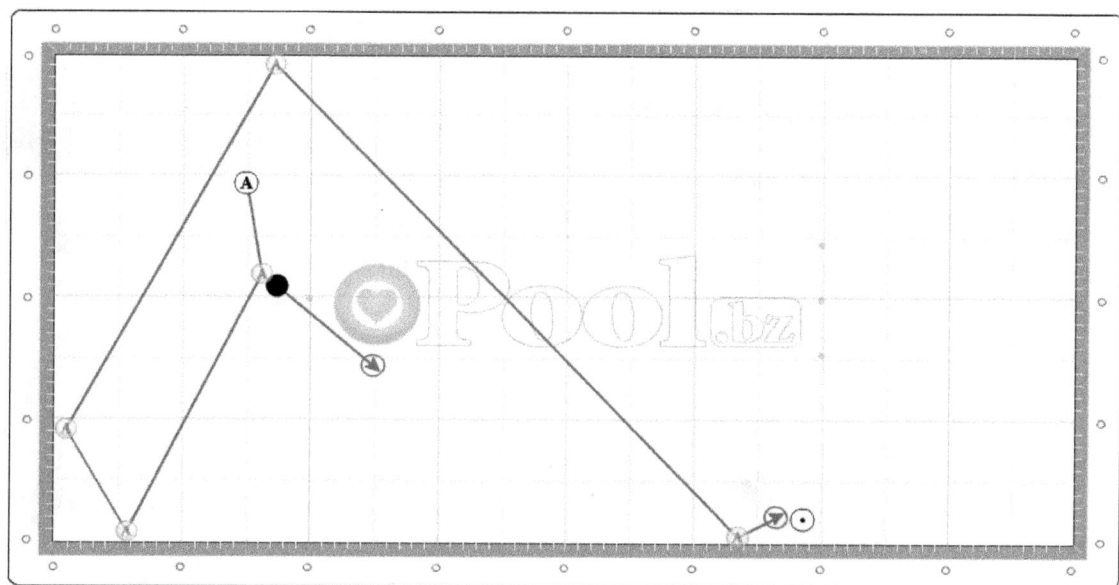

F:1c – Preparar

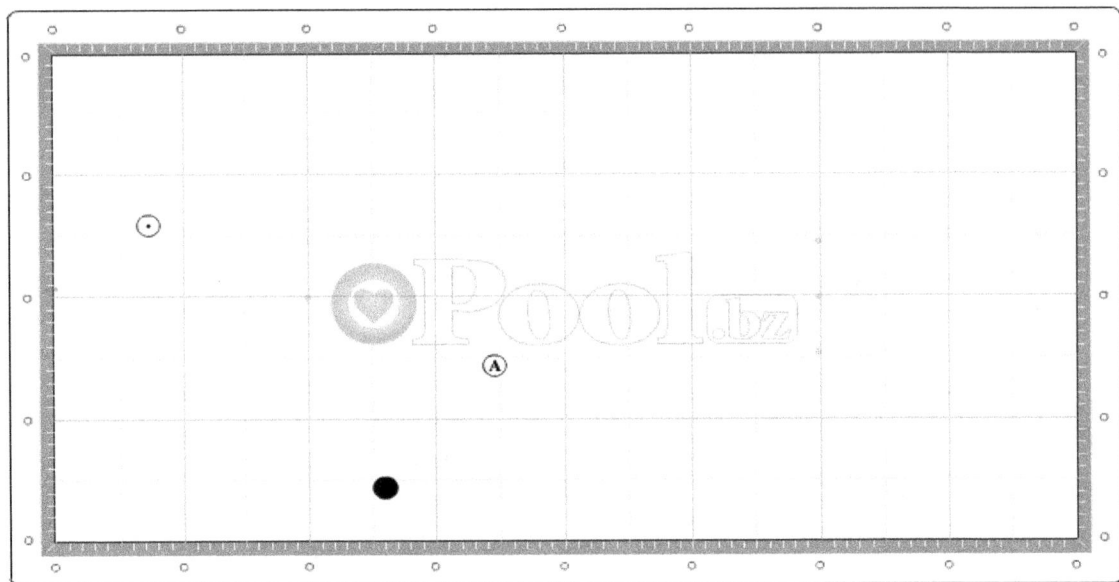

Notas e ideas:

Patrón de disparo

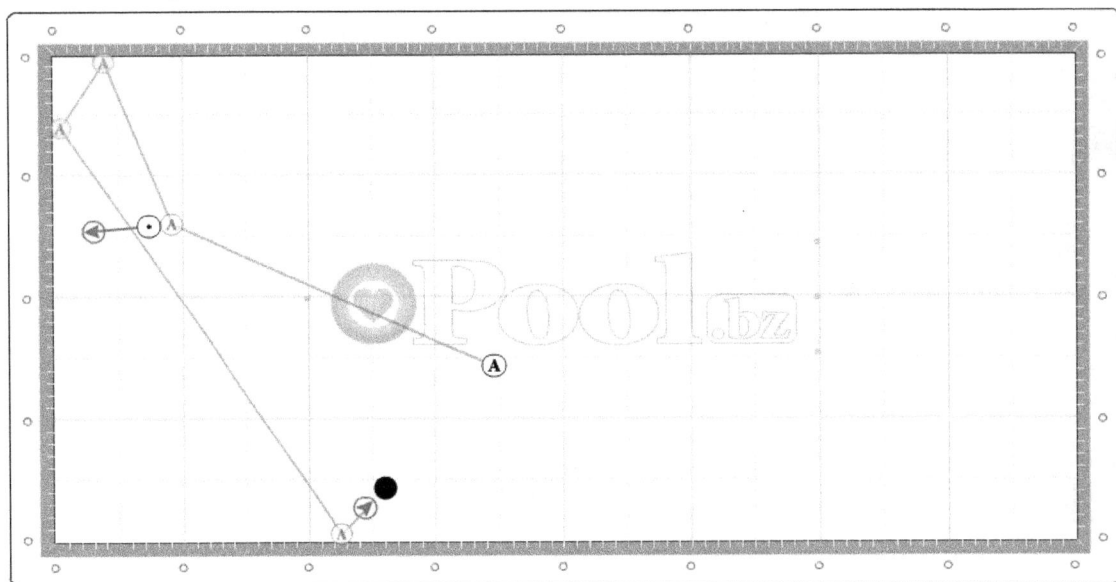

F:1d – Preparar

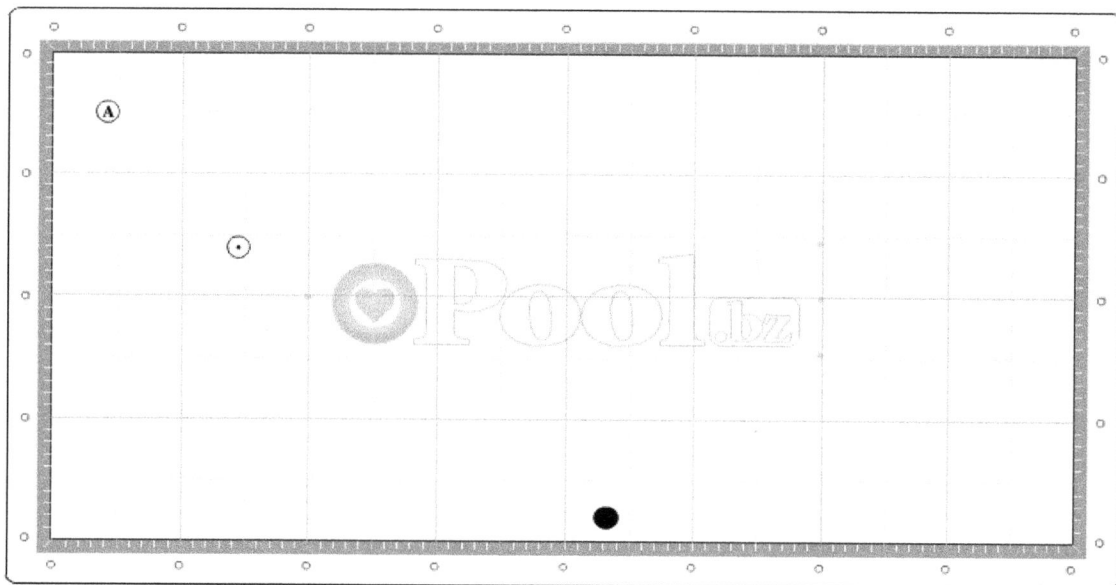

Notas e ideas:

Patrón de disparo

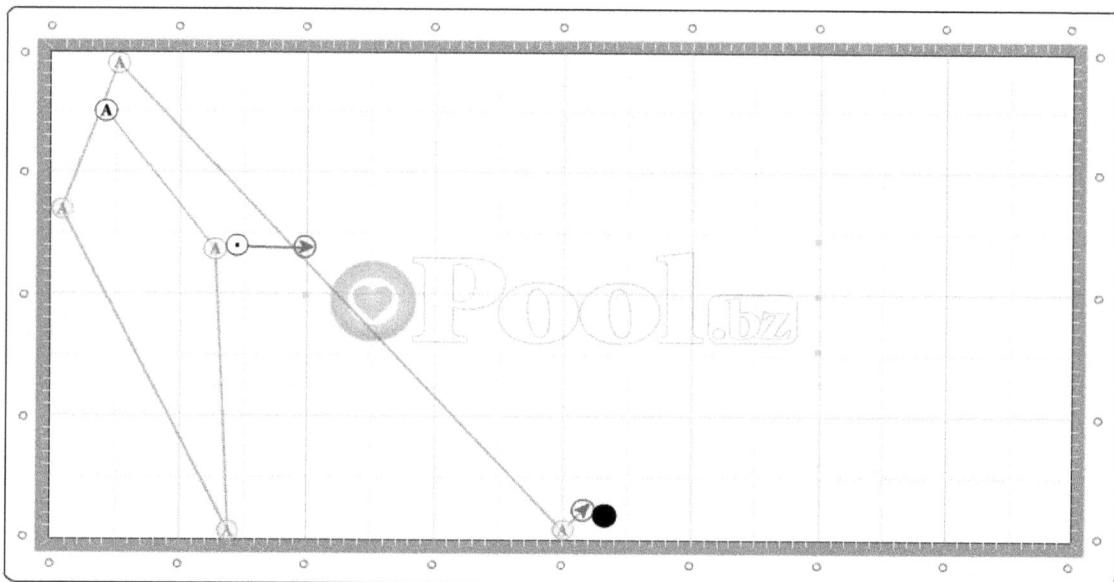

F: Grupo 2

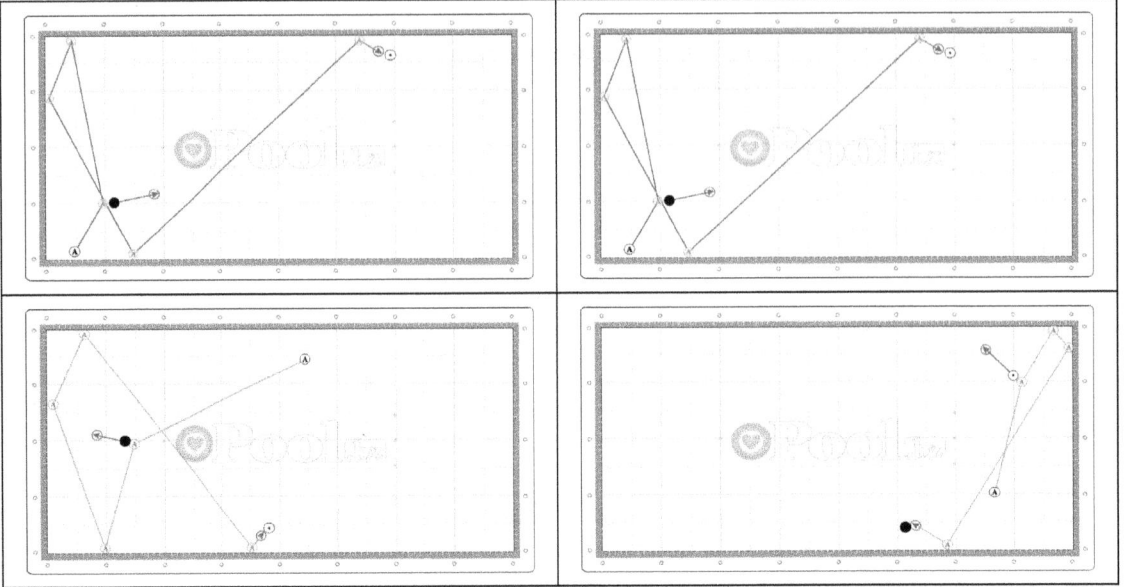

Análisis:

F:2a. _____

F:2b. _____

F:2c. _____

F:2d. _____

F:2a – Preparar

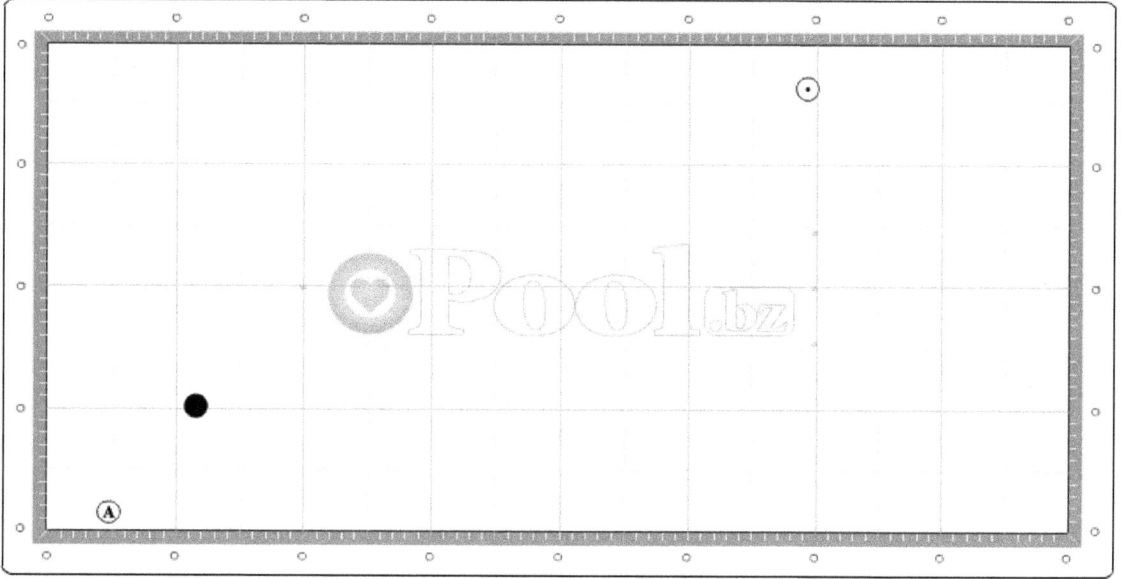

Notas e ideas:

Patrón de disparo

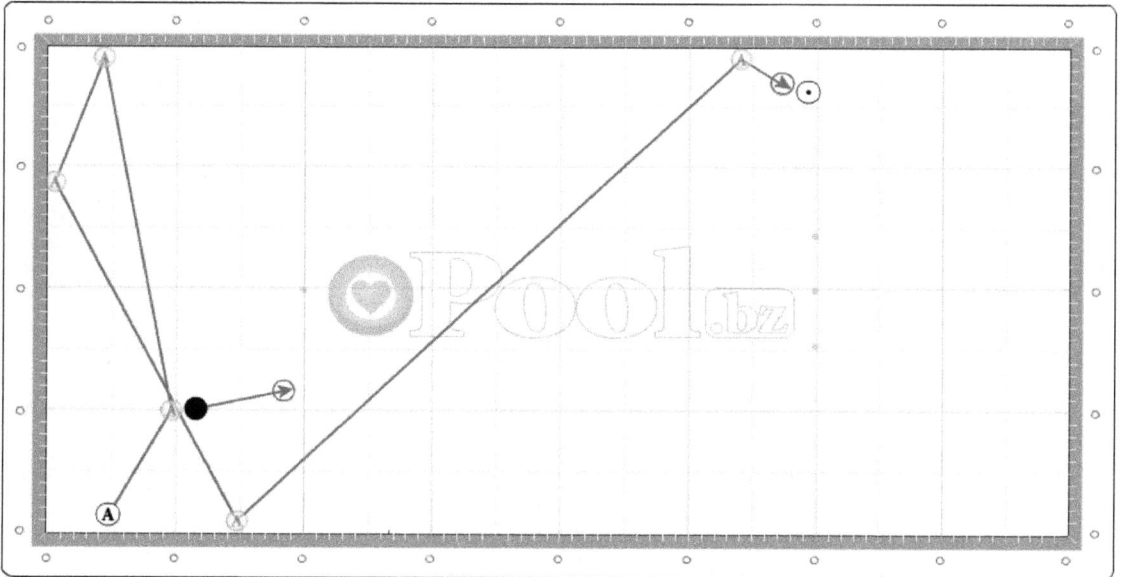

F:2b – Preparar

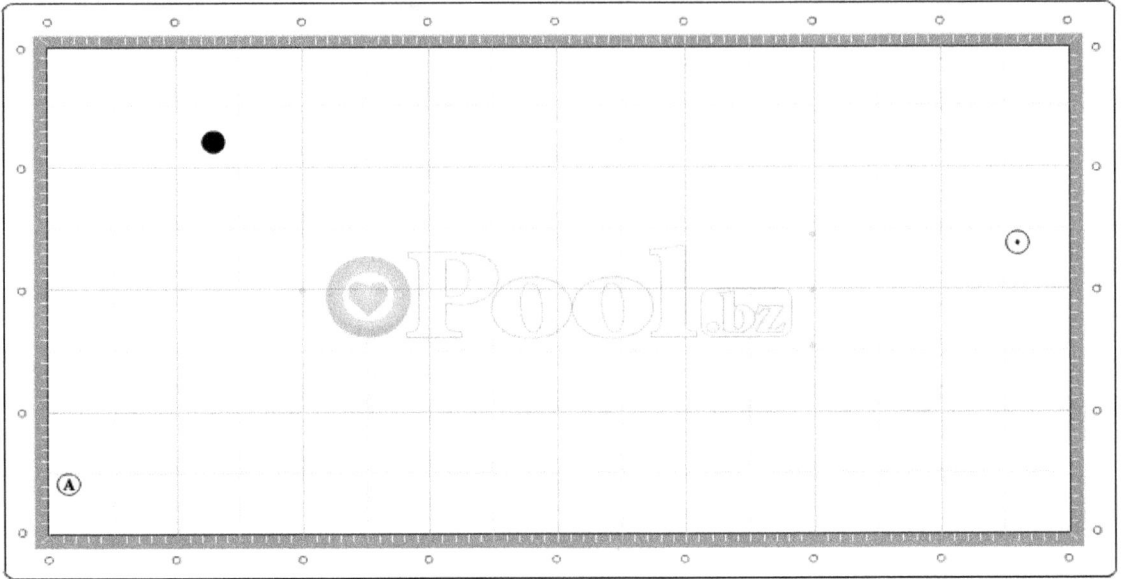

Notas e ideas:

Patrón de disparo

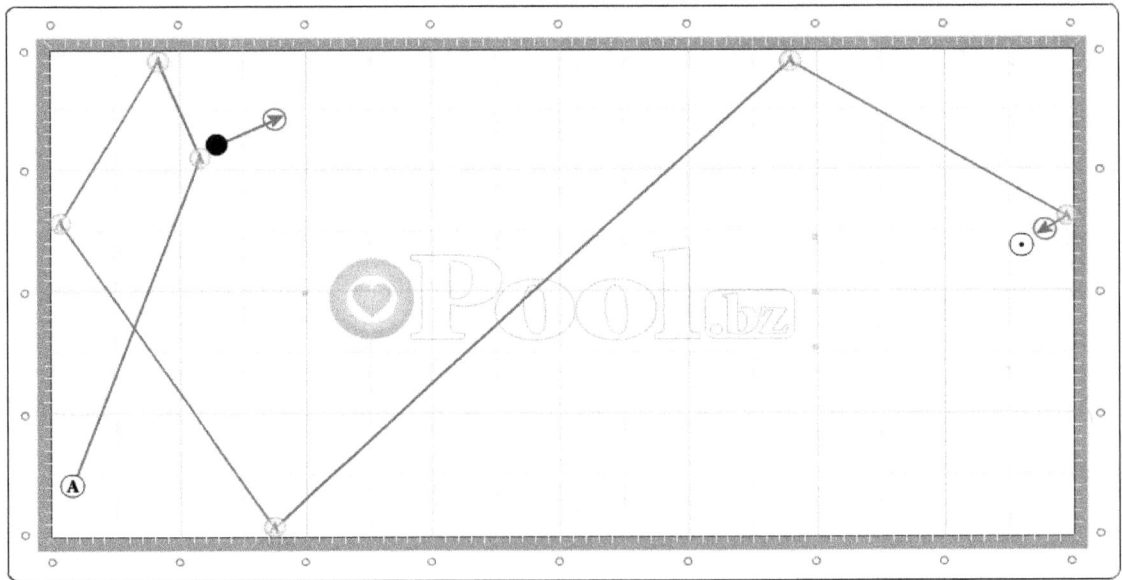

F:2c – Preparar

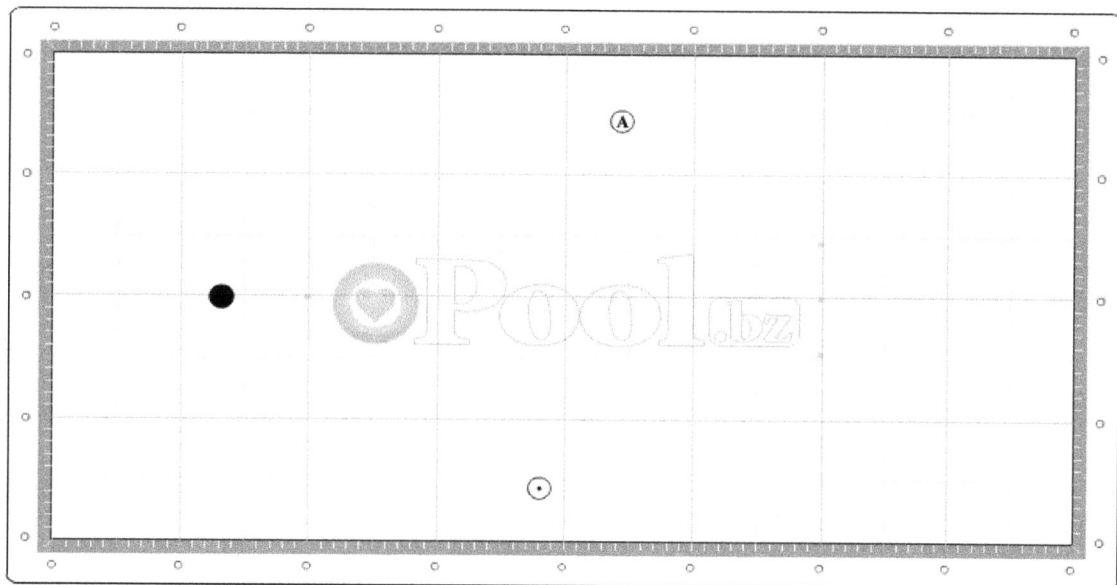

Notas e ideas:

Patrón de disparo

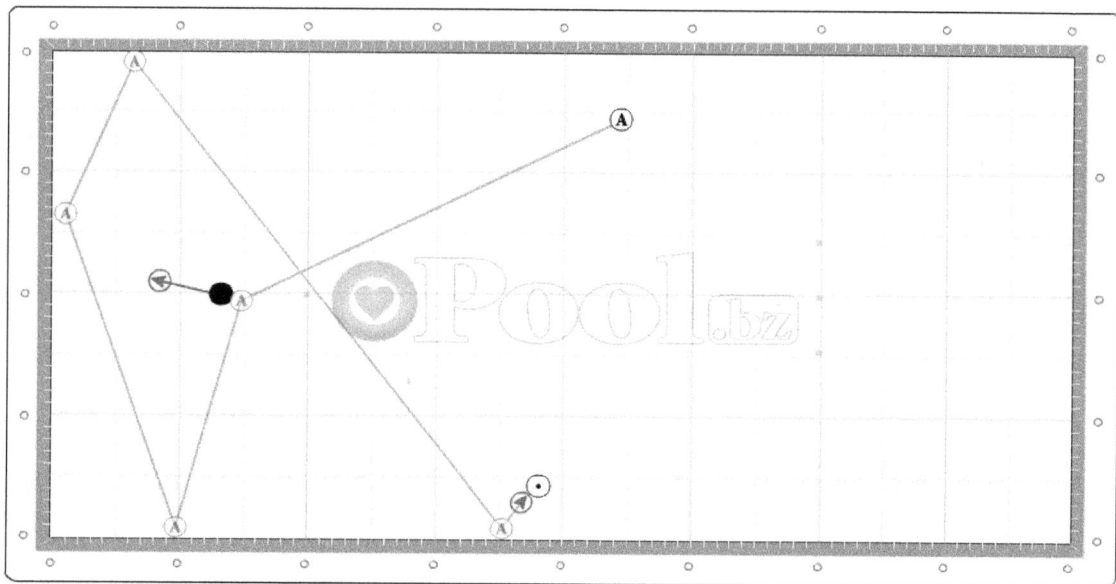

F:2d – Preparar

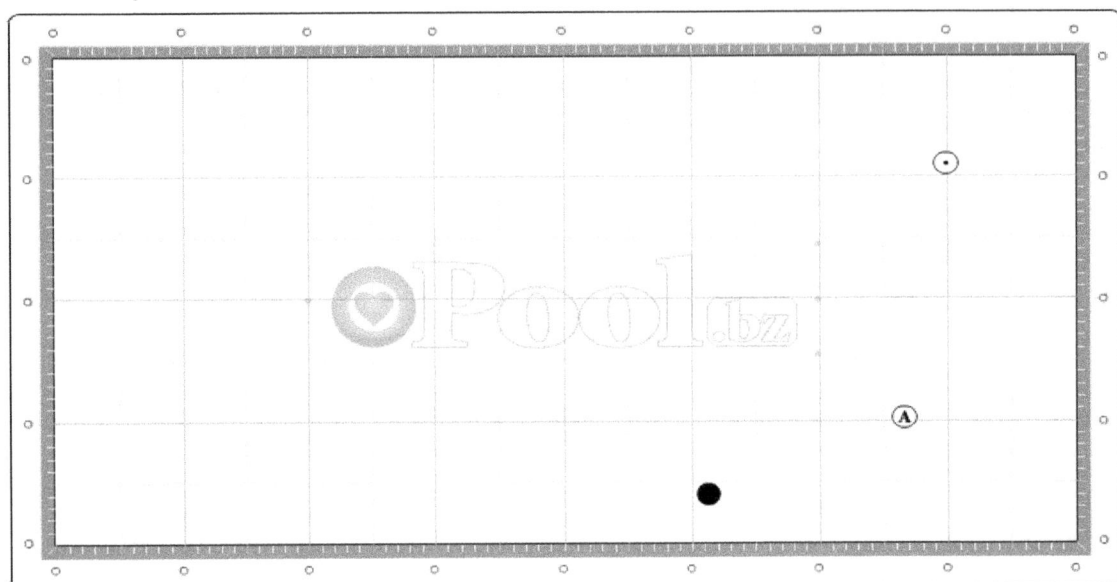

Notas e ideas:

Patrón de disparo

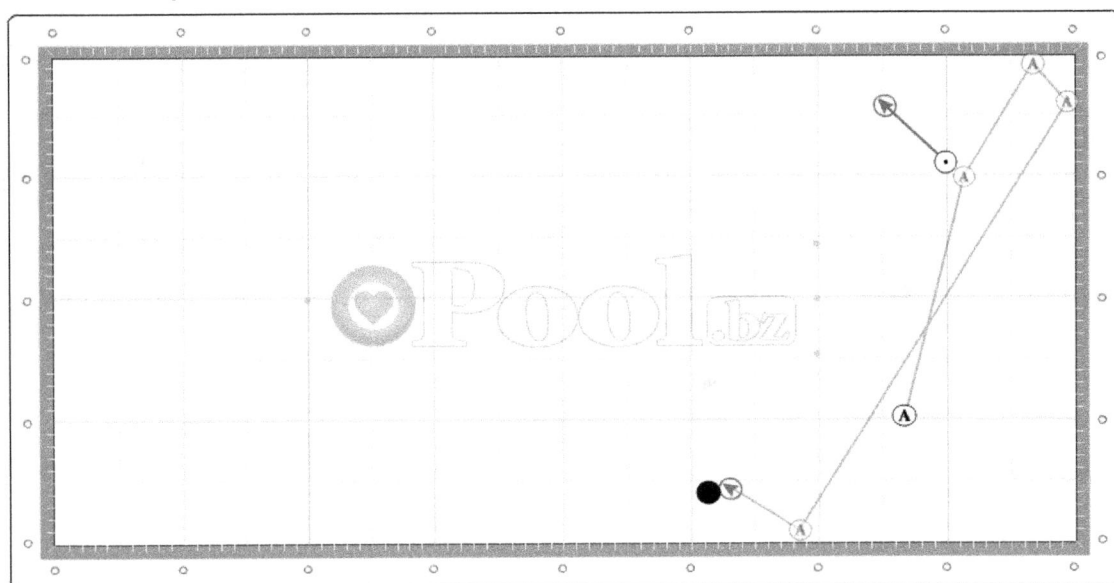

F: Grupo 3

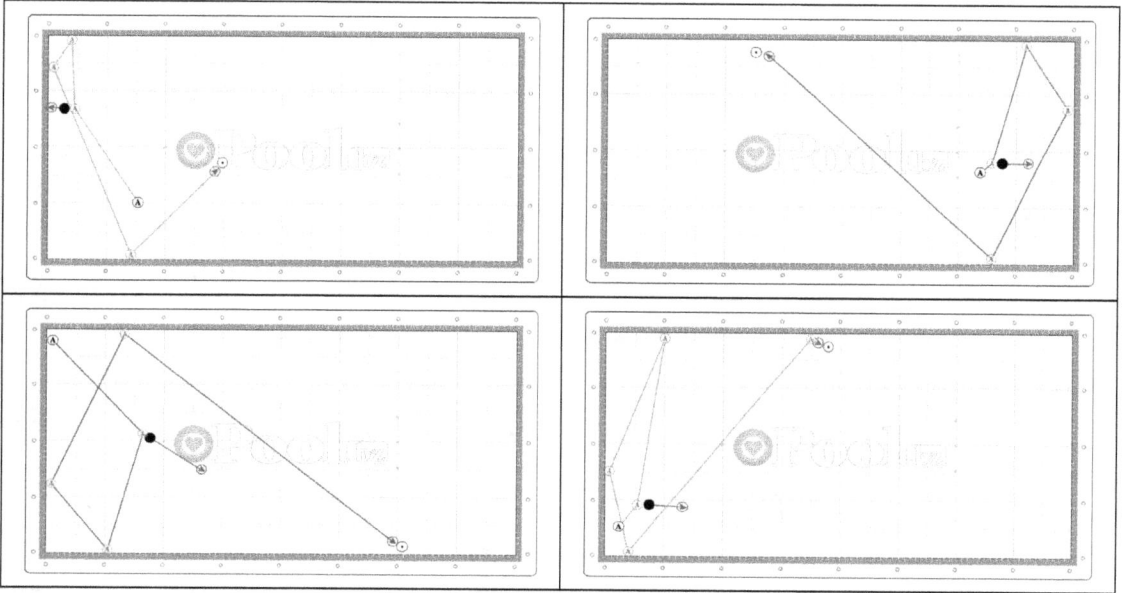

Análisis:

F:3a. _____

F:3b. _____

F:3c. _____

F:3d. _____

F:3a – Preparar

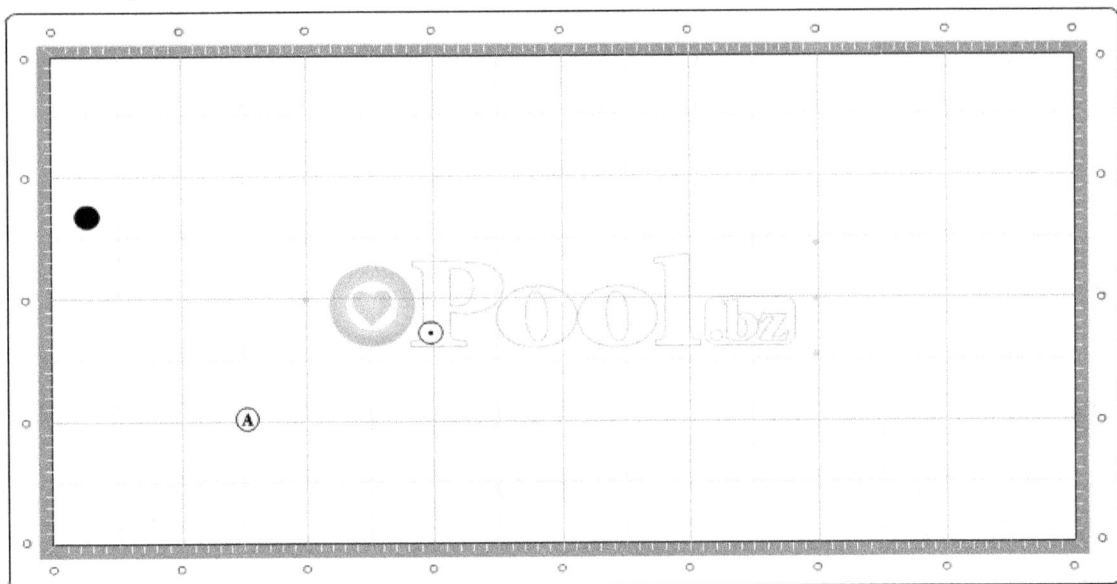

Notas e ideas:

Patrón de disparo

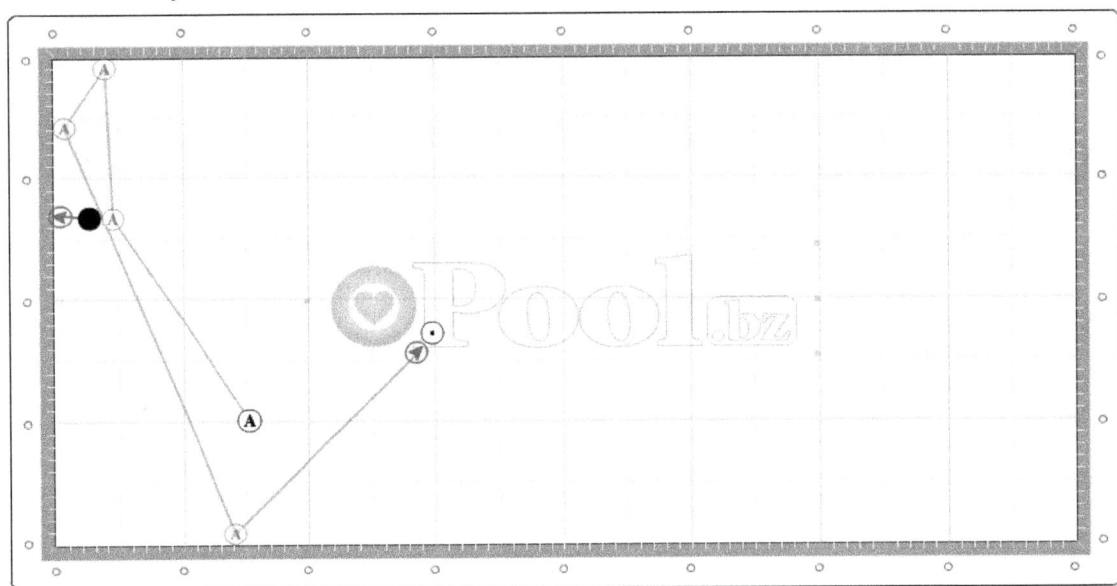

F:3b – Preparar

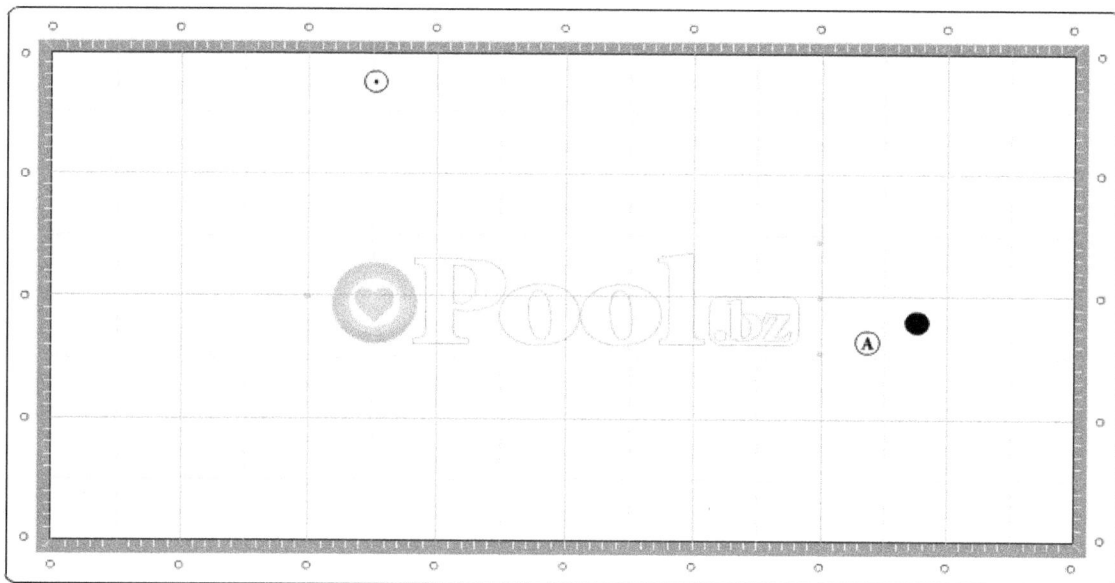

Notas e ideas:

Patrón de disparo

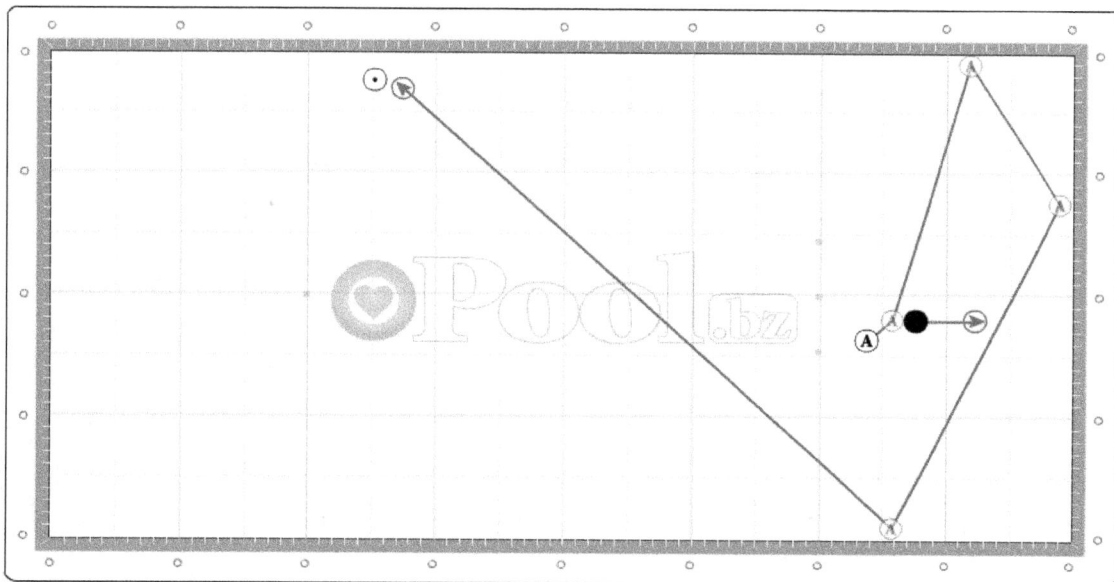

F:3c – Preparar

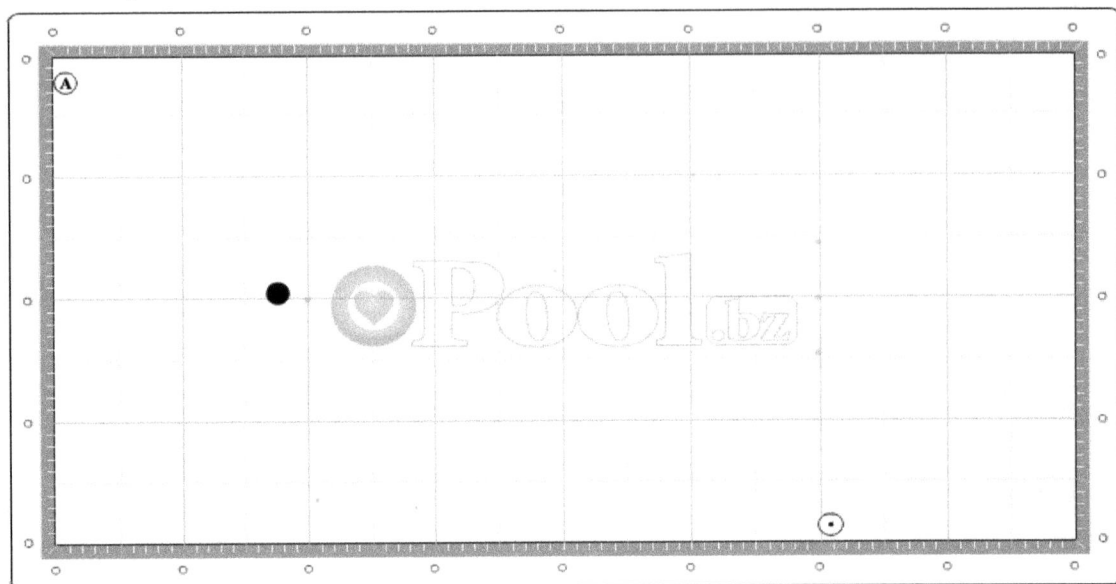

Notas e ideas:

Patrón de disparo

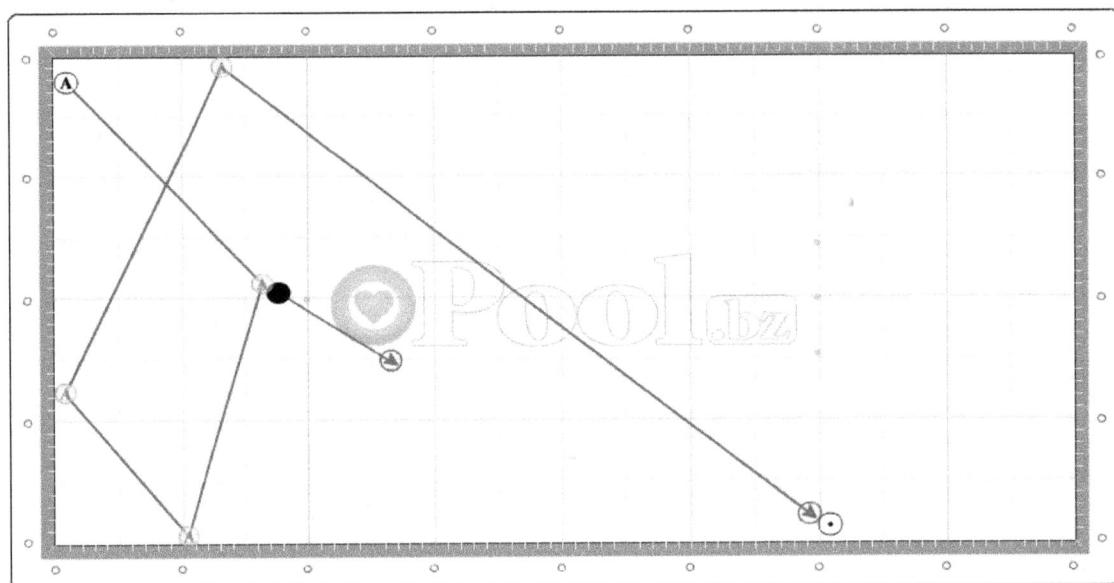

F:3d – Preparar

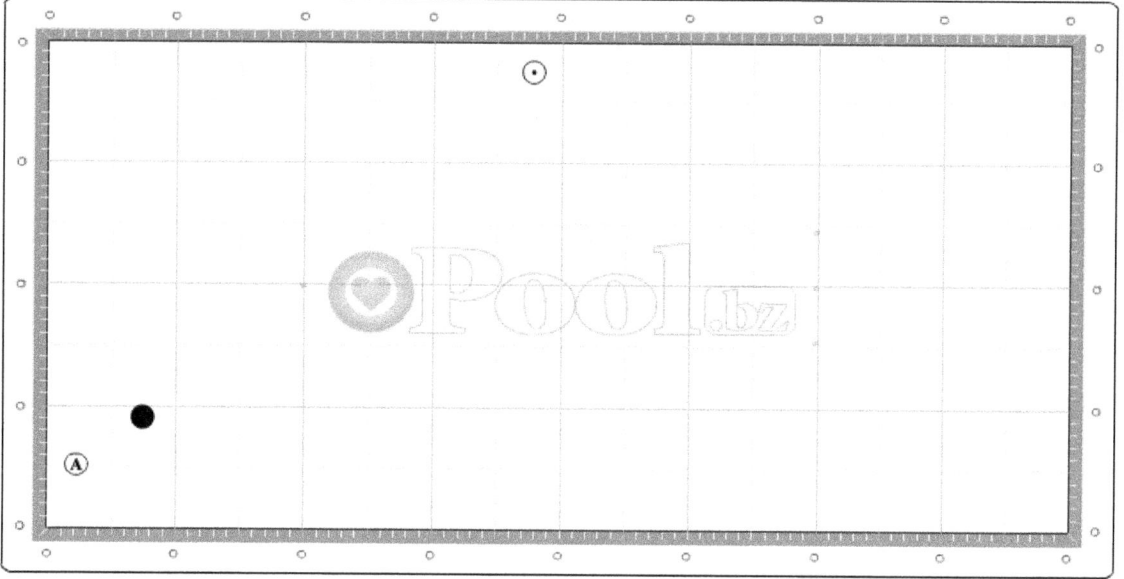

Notas e ideas:

Patrón de disparo

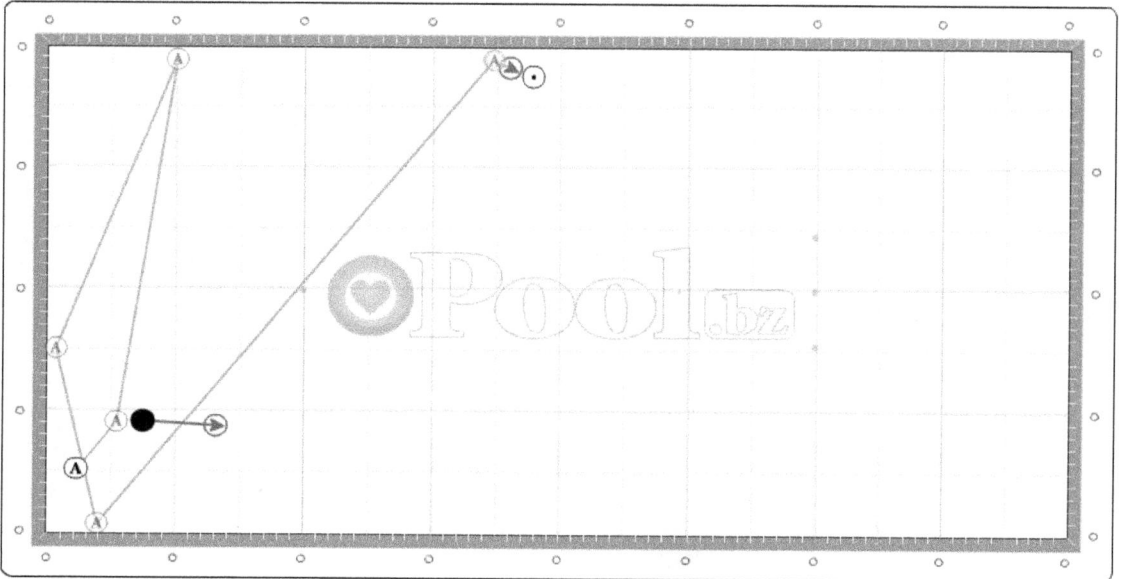